基金项目:我国新闻出版业融资体系的演进与发展研究,项目编号:SM201210015004

我国新闻出版业融资体系研究

华宇虹 汪 洵 韩 雪 著

知识产权出版社

全国百佳图书出版单位

图书在版编目(CIP)数据

我国新闻出版业融资体系研究/华宇虹、汪洵、韩雪著. — 北京:知识产权出版社,2014.12
ISBN 978-7-5130-2601-7

Ⅰ.①我… Ⅱ.①华… ②汪… ③韩… Ⅲ.①出版业—融资体系—研究—中国
Ⅳ.①G239.2

中国版本图书馆CIP数据核字(2014)第262479号

内容提要

本书从出版产业特征及面对的机遇与挑战着手,探讨了出版企业的融资需求、供给及具体实现路径,分析了出版上市公司的资本结构与融资效率,明确了出版产业投融资体系现存问题,提出关于我国出版业投融资体系建设的意见建议。

执行编辑: 于晓菲　吕冬娟　　　　　　　　　　**责任出版:** 孙婷婷
责任编辑: 唐学贵

我国新闻出版业融资体系研究

WOGUO XINWEN CHUBANYE RONGZI TIXI YANJIU

华宇虹　汪洵　韩雪　著

出版发行: 知识产权出版社 有限责任公司	**网　址:** http://www.ipph.cn		
	http://www.laichushu.com		
电　话: 010-82000860转8363			
社　址: 北京市海淀区马甸南村1号	**邮　编:** 100088		
责编电话: 010-82000860转8363	**责编邮箱:** yuxiaofei@cnipr.com		
发行电话: 010-82000860转8101/8029	**发行传真:** 010-82000893/82003279		
印　刷: 北京中献拓方科技发展有限公司	**经　销:** 各大网上书店、新华书店及相关专业书店		
开　本: 720mm×1000mm　1/16	**印　张:** 13		
版　次: 2014年12月第1版	**印　次:** 2014年12月第1次印刷		
字　数: 185千字	**定　价:** 42.00元		

ISBN 978-7-5130-2601-7

目　录

第1章 我国出版产业发展现状与融资环境

1.1 我国新闻出版业发展概况

1.1.1 我国新闻出版业发展总体情况

近年来，我国新闻出版业主要经济指标平稳增长，产业规模持续扩大。如图1-1所示，2009—2013年，新闻出版业无论利润总额还是营业收入都保持着持续增长的态势。其中2013年，全国出版、印刷和发行服务实现营业收入18 246.4亿元，较2012年增加1 611.1亿元，增长9.7%；利润总额1 440.2亿元，较2012年增加122.8亿元，增长9.3%。由此可以看出，新闻出版产业仍继续保持着较强的可持续发展能力。[1]

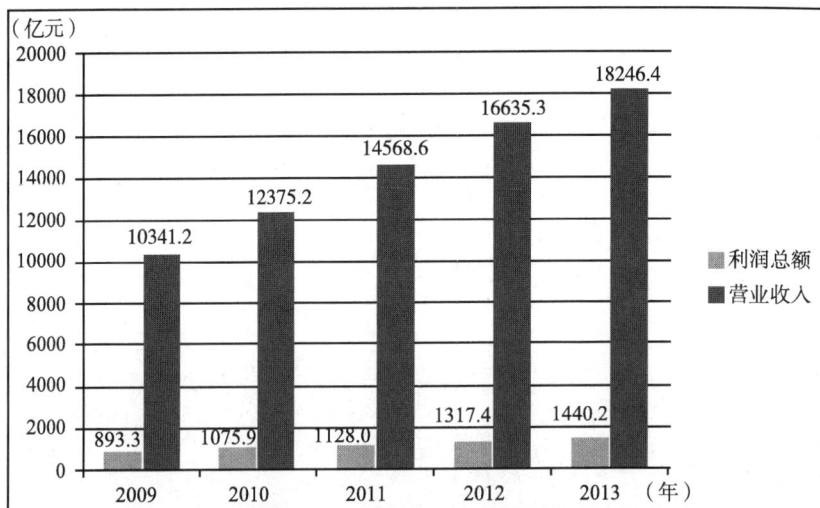

图1-1 新闻出版业主要经济指标变化情况

资料来源：《2013年新闻出版产业分析报告》。

2013年，全国累计出口图书、报纸、期刊、音像制品、电子出版物、数字出版物2 387.4万册（份、盒、张），较2012年增长14.3%；金额达10 462.4万美元，增长10.4%。详见表1-1。[1]

表1-1 2013年我国出版物对外贸易情况

类型	指标(单位)	累计出口	累计进口	总额	差额
图书、期刊、报纸	数量(万册、份)	2375.31	2361.54	4736.84	13.77
	金额(万美元)	8115.46	28048.46	36164.09	−19933.16
音像制品、电子出版物、数字出版物	数量(万盒、张)	12.12	28.51	40.63	−16.38
	金额(万美元)	2346.96	20022.34	22369.30	−17675.38
合计	数量(万册、份、盒、张)	2387.43	2390.04	4777.47	−2.61
	金额(万美元)	10462.43	48070.97	58533.39	−37608.54

数据来源：《2013年新闻出版产业分析报告》。

表1-1中：差额为累计出口减去累计进口之差。正号表示出口大于进口，存在贸易顺差；负号表示出口小于进口，存在贸易逆差。

从内部结构数据来看，2004—2012年，我国图书出版种数、图书新出版种数、图书出版印数、图书出版印张数均实现连续增长，具体情况见图1-2、图1-3。

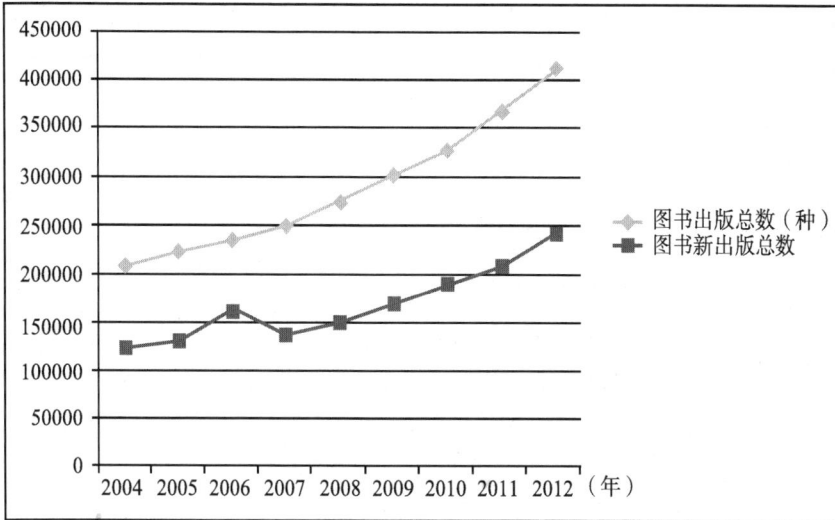

图1-2　2004—2012年我国图书及新书出版总数

数据来源：国家统计局网站。

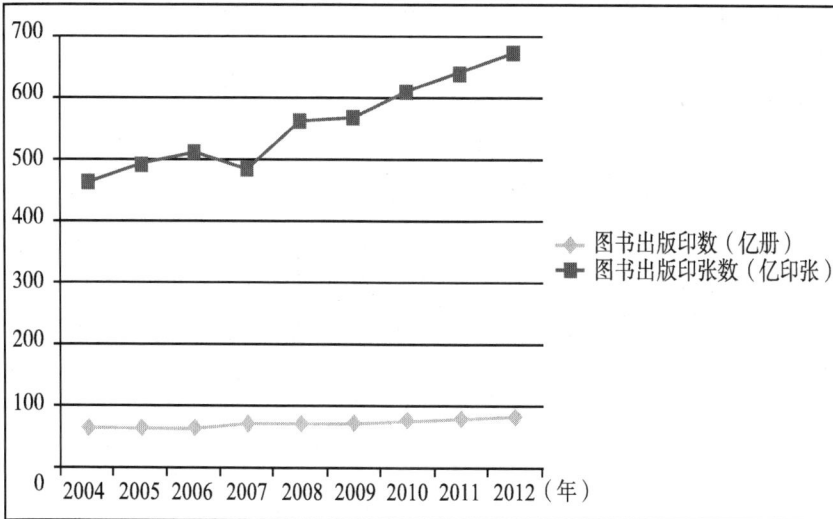

图1-3　2004年—2012年我国图书出版印数及印张数

数据来源：国家统计局网站。

就图书的版权贸易而言，2010—2012年我国图书版权引进持续增长，且主要引进来源地为美国，详见表1-2；2010—2012年我国图书版权的输出继续保持持续增长，我国的台湾地区，以及美、英、德、日等国均为我国图书版权出口的主要目的地，详见表1-3。

表1-2 2010—2012年我国图书版权引进情况

序号	指标	2012年	2011年	2010年
1	引进图书版权总数(项)	16115	14708	13724
2	从美国引进图书版权总数(项)	4944	4553	4549
3	从英国引进图书版权总数(项)	2581	2256	1770
4	从德国引进图书版权总数(项)	874	881	726
5	从法国引进图书版权总数(项)	835	706	595
6	从俄罗斯引进图书版权总数(项)	48	55	57
7	从加拿大引进图书版权总数(项)	122	133	104
8	从新加坡引进图书版权总数(项)	265	200	319
9	从日本引进图书版权总数(项)	2006	1982	1620
10	从韩国引进图书版权总数(项)	1209	1047	916
11	从我国香港地区引进图书版权总数(项)	413	345	424
12	从我国澳门地区引进图书版权总数(项)	5	1	
13	从我国台湾地区引进图书版权总数(项)	1424	1295	1460
14	从其他地区引进图书版权总数(项)	1389	1254	1184

数据来源：国家统计局网站。

表1-3 2010—2012年我国图书版权输出情况

序号	指标	2012年	2011年	2010年
1	输出图书版权总数(项)	7568	5922	3880
2	向美国输出图书版权总数(项)	1021	766	244
3	向英国输出图书版权总数(项)	606	422	176
4	向德国输出图书版权总数(项)	352	127	89
5	向法国输出图书版权总数(项)	130	126	120

续表

序号	指标	2012年	2011年	2010年
6	向俄罗斯输出图书版权总数(项)	104	40	11
7	向加拿大输出图书版权总数(项)	104	15	31
8	向新加坡输出图书版权总数(项)	173	131	260
9	向日本输出图书版权总数(项)	401	161	207
10	向韩国输出图书版权总数(项)	282	446	343
11	向香港地区输出图书版权总数(项)	440	366	341
12	向澳门地区输出图书版权总数(项)	1	19	6
13	向台湾地区输出图书版权总数(项)	1781	1644	1236
14	向其他地区输出图书版权总数(项)	2173	1659	816

数据来源：国家统计局网站。

2004—2012年，期刊出版及发行增长良好，其中期刊出版种数、期刊每期出版平均印数、期刊出版总印数、期刊出版总印张数的具体情况见图1-4、图1-5。

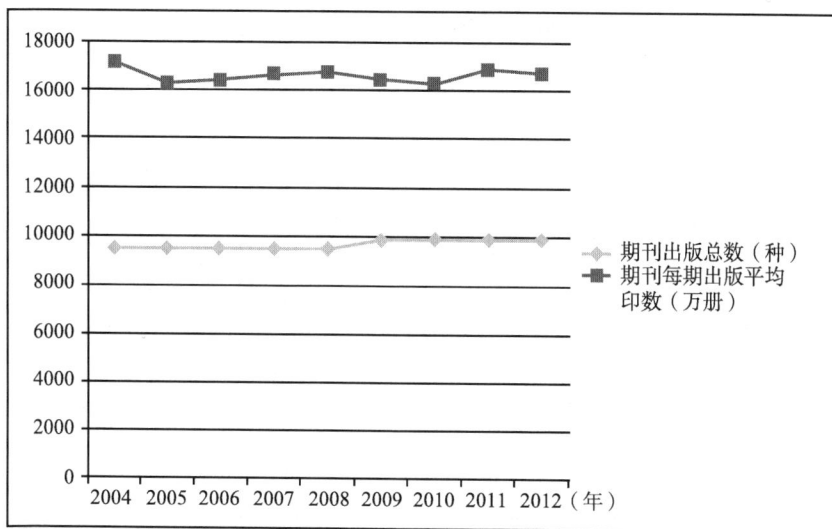

图1-4 2004—2012年我国期刊出版总数及平均印数

数据来源：国家统计局网站。

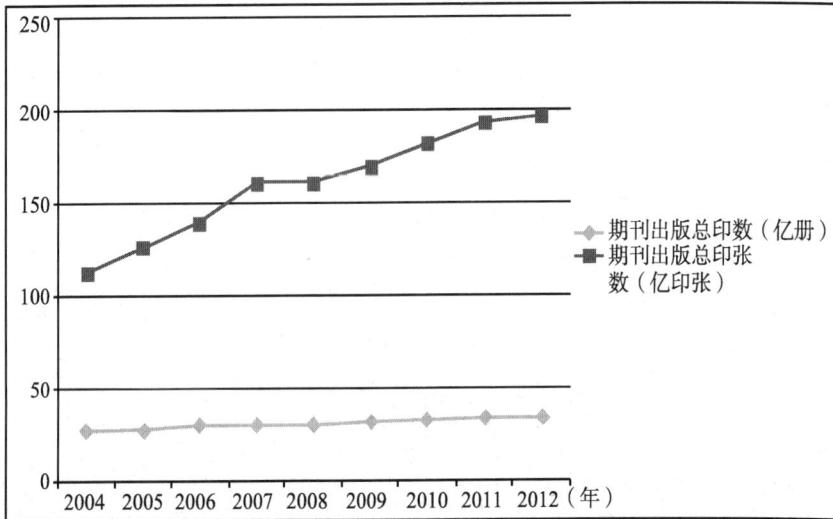

图 1-5 2004—2012 年我国期刊出版总印数及总印张数

数据来源：国家统计局网站。

2004—2012 年，虽然面对着数字新媒体迅猛发展的严峻冲击和挑战，我国报纸出版及发行整体情况却仍然表现良好，报纸每期出版平均印数、报纸出版总印数和报纸出版总印张数均有不同程度增长。详见图 1-6、图 1-7。

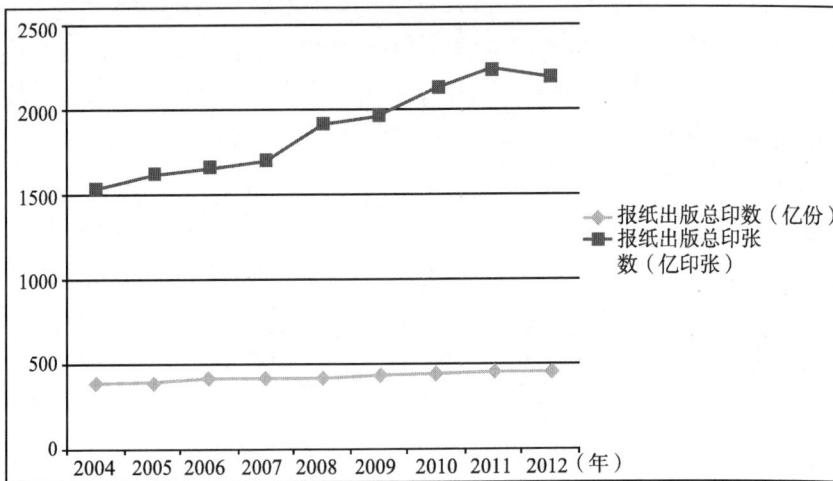

图 1-6 2004—2012 年我国报纸出版总印数及总印张数

数据来源：国家统计局网站。

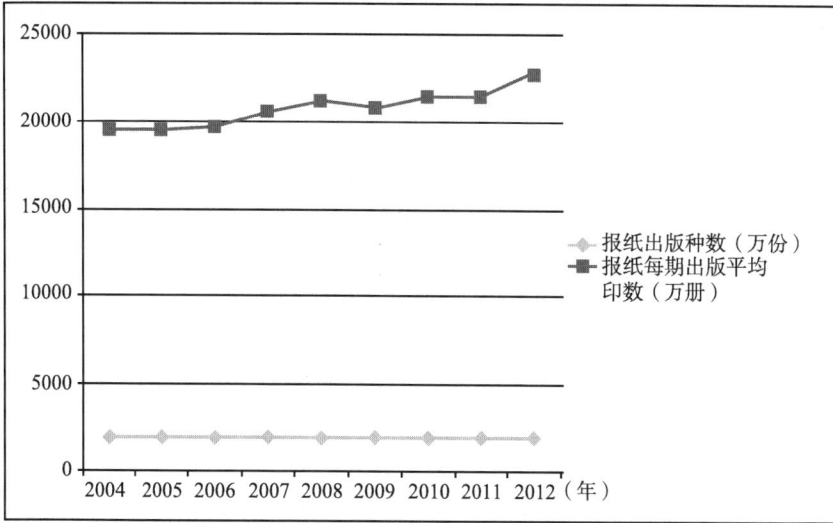

图1-7 2004—2012年我国报纸出版总数及每期出版平均印数

数据来源：国家统计局网站。

1.1.2 我国新闻出版业面临的机遇

首先，西方经验表明，随着人均国内生产总值（GDP）的增长和居民恩格尔系数的下降，居民对文化产品的消费需求将明显增加。图1-8和图1-9为近年来我国人均GDP及城乡居民恩格尔系数变化情况。

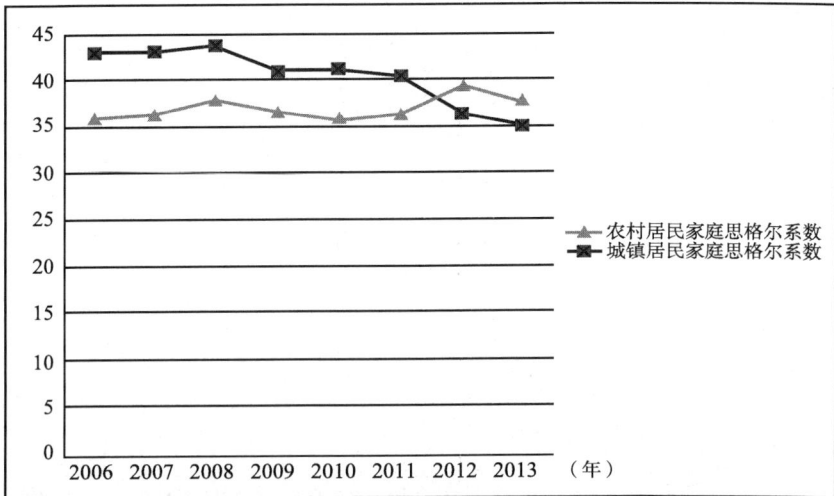

图 1-8　2006—2013年我国城乡居民恩格尔系数变化情况

数据来源：国家统计局网站。

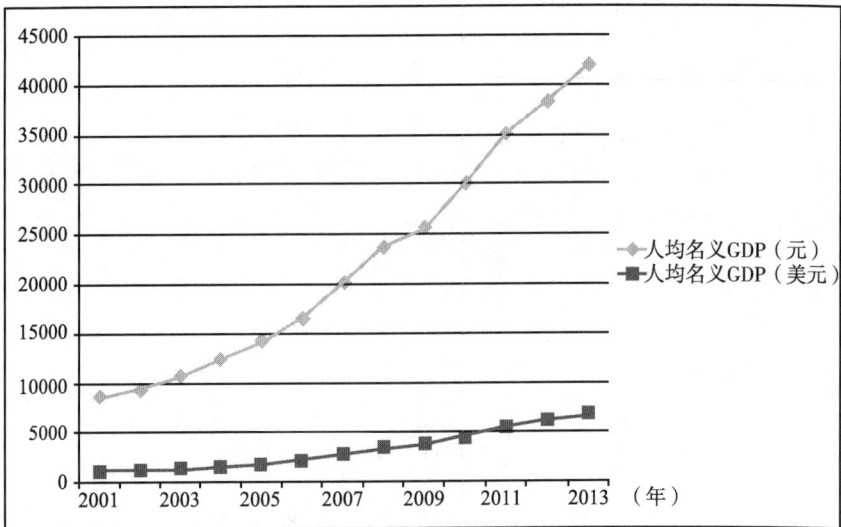

图 1-9　中国大陆人均GDP变化情况

数据来源：国家统计局网站。

从图1-8、图1-9可以看到，2013年我国农村居民恩格尔系数为37.7%，城镇居民恩格尔系数为35.0%，中国大陆人均GDP为41 908元，约合6 767美元。社会消费结构已明显向消费型转变，文化产业的发展得到有力支撑，作为文化产业重要组成部分的新闻出版业必将得到更大的发展。

其次，传统出版物的优势及市场仍然存在。由于阅读习惯及传统出版物的特质影响，目前大多数人还倾向于纸质媒介的阅读。2014年4月21日发布的第十一次全国国民阅读调查结果表明："与2012年相比，传统纸质媒介中，2013年成年国民对图书、报纸和期刊的接触时长均有不同程度的减少；新兴媒介中，上网时长和手机阅读的接触时长呈增长趋势，电子阅读器接触时长略有下降。"但是，"纸质读物阅读仍是6成以上国民倾向的阅读方式"。显然，由于代际之间数字鸿沟的客观存在，中老年人中拥有纸质阅读习惯的人员比例无疑更高。另外，在传统出版业的收入结构中，教科书占销售产值和利润的50%以上；在能给出版单位带来经济效益的畅销书和长销书市场中，纸介质出版物也占据优势。因此，在可以预见的未来二三十年内，传统出版行业的国内受众群体依然庞大。[2]

再次，国家文化产业振兴规划的出台和产业政策的进一步开放为新闻出版业的发展奠定了坚实的基础。2009年7月22日，我国第一部文化产业专项规划——《文化产业振兴规划》（以下简称《规划》）由国务院常务会议审议通过。《规划》强调："要深化文化体制改革，激发全社会的文化创造活力；要降低准入门槛，积极吸收社会资本和外资进入政策允许的文化产业领域，参与国有文化企业股份制改造，形成公有制为主体、多种所有制共同发展的文化产业格局；要加大政府投入和税收、金融等政策支持，大力培养文化产业人才，完善法律体系，规范市场秩序，为规划实施和文化产业发展提供强有力的保障。"文化产业振兴规划的出台及新闻出版领域一系列政策措施的实施与经济全球化导致的资源要素在全球范围内的重新配置及有效流动趋势相吻合，为新闻出版业合理利用全球资源，增强产业竞争力和企业实力提供了难得机遇。

最后，数字新媒体将为新闻出版业插上了腾飞的翅膀。数字化浪潮为本来被认为是"夕阳行业"的新闻出版业带来新的发展机会，电子书业务在大多数出版社不同程度地展开。数字新媒体包括了图像、文字以及音频、视频等各种形式，已成为信息社会中最新也最广泛的信息载体，几乎渗透到人们生活与工作的方方面面。传统新闻出版业与数字新媒体的充分融合将使新闻出版业焕发新的活力。

1.1.3 我国新闻出版业面对的挑战

虽然我国出版业已整体实现了转企改制，逐步建立起现代企业制度，并面临着良好的发展机遇，但在经济环境变幻莫测，技术发展日新月异的宏观环境下，我国新闻出版业仍存在许多不足，面临着一系列严峻挑战。

1. 持续满足人民多样文化需求的挑战

快速扩大的国内文化消费需求，为出版产业打开了广阔空间。近年来，随着人们生活水平的提高，我国图书出版品种增长很快，2012年已达41万种，但是联合国教科文组织进行的一项调查显示，全世界每年阅读书籍数量排名第一的是犹太人，平均每人一年读书64本。中国新闻出版研究院最新调查结果显示，2012年中国18—70周岁国民纸质图书阅读量仅为4.39本，远低于欧美发达国家。[3]

目前，社会思想、文化日益多元，阅读需求更富个性和变化，对出版业提出了新的更高要求。图书市场潜力很大，亟待开发、扶持和满足。开发按需印刷业务，开发小众市场、个性化市场，为读者提供更加个性化的服务是摆在出版业面前的一个不容忽视的问题。

2. 数字出版技术创新的挑战

信息技术与出版的融合，为出版业创新业态、实现转型提供了有利条件和广阔前景。同时，出版技术飞速发展，也对出版业提出了新的更高要求。数字出版的出现，在很大程度上改变了人们的生活以及出版方式。数字化技术突破了传统出版只能提供图文信息的限制，把文字、图像、音频、视频、动画等有机地结合，产生一种和谐的整体展示；数字化内容则使读者能够自主选择阅读内容并任意跳转，其所具有交互的功能，使读者由受众变成了参与者；出版内容的数字化，也使得信息检索变得更为方便快捷、更为容易，内容的复制与传播变得极其容易，产品开发上具有更大的想象空间，极大地丰富了人们的阅读资源。在出版技术上，传统出版建立在模拟生产方式基础上，而数字出版的生产方式则更多地依赖于计算机和网络技术；在出版流程上，数字出版简化了许多中间环节，大大加快了信息传播的速度。当前，数字出版的诸多核心技术，大多掌握在西方大国手里。如何顺应新技术潮流和业态创新需求，加大技术投入和研发，突破技术"瓶颈"，取得自己完整、独立的知识产权，不受制于人，迫切需要出版业不断探索、实践并作出回答。[4]

3. 来自国际文化、国际资本的挑战

在经济领域，2010年中国的GDP超过日本，成为世界第二大经济体。据国际货币基金组织（IMF）的数据估计，按照购买力评价（PPP）的计算方式，2014年美国的经济规模是17.4万亿美元，而中国的经济规模则是17.6万亿美元，超过美国，成为世界第一大经济体。与经济发展不相适应的是，在国际文化竞争中，我国还处于显著的劣势地位。世界文化信息总量之中，中国近年从未超过4%，影响世界的100种书、100个作家、100种日报中都没有中国的。美国基辛格同仁公司总裁在美国《外交季刊》上撰文称："美国应确保：如果世界向统一语言方向发展，那么这种语言就应是英语；如果世界逐渐被电视、广播和音乐联系在一起，那么节目的编排就应是美国的；如果世界正形成共同的价值观，那么这些价值观就应是符合美国人意愿的价值观。"

1.2 我国新闻出版产业融资的政策环境

进入21世纪之后，在党和国家的有关文件中，新闻出版的产业属性逐步得到确认，企业地位逐渐明朗，投融资方面的政策限制逐步得到放宽，相关政策及出台时间如表1-4所示。

表1-4　新闻出版相关政策列表

序号	政策	颁布时间
1	《关于转发〈中央宣传部、国家广电总局、新闻出版总署关于深化新闻出版广播影视业改革的若干意见〉的通知》	2001年
2	《〈关于深化新闻出版广播影视业改革的若干意见〉的实施细则》	2002年
3	《新闻出版体制改革试点中支持新闻出版产业发展的规定（试行）》	2003年
4	《国务院关于非公有资本进入文化产业的若干决定》（国办发〔2005〕10号）	2005年
5	《国务院办公厅关于印发文化体制改革中经营性文化事业单位转制为企业和支持文化企业发展两个规定的通知》（国办发〔2008〕114号）	2008年
6	《文化产业振兴规划》	2009年
7	《关于进一步推进新闻出版体制改革的指导意见》	2009年
8	《关于金融支持文化产业振兴和发展繁荣的指导意见》	2010年
9	《关于印发文化体制改革中经营性文化事业单位转制为企业和进一步支持文化企业发展两个规定的通知》（国办发〔2014〕15号）	2014年
10	《深化新闻出版体制改革实施方案》	2014年

2001年是新闻出版改革的破冰之年，中共中央办公厅、国务院办公厅《关于转发〈中央宣传部、国家广电总局、新闻出版总署关于深化新闻出版广播影视业改革的若干意见〉的通知》（中办发〔2001〕17号）文件的发布无疑具有里程碑意义。这份由中央、两办、转发的文件对于新闻出版行业的融资做出了原则性规定。文件明确了融资的原则必须坚持"安全"和"有效"，并且进一步明确了新闻出版企业的性质，认为国有书刊印刷厂、音像与电子新闻出版物制造厂，以及书刊、音像制品和电子新闻出版物销售单位，在性质上同属于企业，因此在融资问题上，与其他企业享受同等待遇。

但是新闻出版行业本身又有其特殊性，即新闻出版行业在性质上尽管属于新闻出版产业，但仍然具备一定的意识形态属性，因此，对于新闻出版行业的融资，需要做出限制性的规定，以保证新闻出版行业的稳定和安全。文件中对于新闻出版行业融通民营资本和国外资本做出强制性规定，要求必须由国有资本控股和掌握经营权，由国有资本保证新闻出版的导向性。中办公〔2001〕17号文件还特别强调，新闻出版集团在吸纳资金和进行股份制改造的过程中，要保证认真执行国家的有关规定，做好资产评估工作，切实保障国家权益，严禁以持股形式将国有资产低价出售或无偿分配给个人。

1. 新闻出版总署对中办发〔2001〕17号文件的阐述

2002年5月新闻出版总署在《关于深化新闻出版广播影视业改革的若干意见》的实施细则中，新闻出版总署对中办发〔2001〕17号文件中关于拓宽新闻出版单位的融资渠道等问题进行了更加明确的阐述。

①试点报业集团、出版集团、期刊集团、音像集团、电子出版集团和内涵式发展的名社、大社的编辑业务和经营业务应从机构设置上分开，编辑部门经集团主管部门同意并报中央宣传部和新闻出版总署批准，可在新闻出版系统融资。试点出版集团、音像集团、电子出版集团和内涵式发展的名社、大社经省级新闻出版管理部门同意，并报新闻出版总署批准，可以项目合作的方式吸收国有企事业单位的资本，但必须严格限制在经批准的项目内进行，投资方不得介入编辑业务。

②试点报业集团、出版集团、期刊集团、音像集团、电子出版集团和内涵式发展的名社、大社的经营部门，经新闻出版总署批准，可按现代企业制度的原则组建成有限责任公司或股份有限公司，吸纳国有企事业单位的资本，集团和有关出版单位的国有资本应不低于51%。

③经中央宣传部和新闻出版总署批准，试点发行集团可吸收国有资本、非国有资本和境外资本，集团国有资本应不低于51%。

④印刷集团吸收境外资本须报经新闻出版总署批准。

⑤在吸纳资金和组建有限责任公司或股份有限公司时，要认真按照国家有关规定，做好资产评估工作，切实保障国家权益，严禁以承包、持股等方式将国有资产低价出售或无偿分配给个人。

⑥其余新闻出版单位一律按现行规定执行。

2. 国发〔2005〕10号文件

为进一步引导和规范非公有资本进入文化产业，逐步形成以公有制为主体、多种所有制经济共同发展的文化产业格局，提高我国文化产业的整体实力和竞争力，2005年4月国务院颁布了《关于非公有资本进入文化产业的若干决定》（国发〔2005〕10号）。文件部分内容如下：

①鼓励和支持非公有资本进入以下领域：书报刊分销、音像制品分销、包装装潢印刷品印刷等。

②允许非公有资本进入出版物印刷、可录类光盘生产、只读类光盘复制等文化行业和领域。

③非公有资本可以投资参股下列领域的国有文化企业：出版物印刷、发行，新闻出版单位的广告、发行。上述文化企业国有资本必须控股51%以上。

④非公有资本不得投资设立和经营通讯社、报刊社、出版社；不得经营报刊版面；不得从事书报刊、影视片、音像制品成品等文化产品进口业务。

3. 国务院《文件产业振兴规划》

为应对金融危机，调整经济结构，扩大内需，2009年，国务院发布了《文化产业振兴规划》（以下简称《规划》）。《规划》中提出的政策措施如下：

①降低准入门槛。落实国家关于非公有资本、外资进入文化产业的有关规定，根据文化产业不同类别，通过独资、合资、合作等多种途径，积极吸收社会资本和外资进入政策允许的文化产业领域，参与国有文化企业的股份制改造，形成以公有制为主体、多种所有制共同发展的文化产业格局。

②加大政府投入。中央和地方各级人民政府要加大对文化产业的投入，通过贷款贴息、项目补贴、补充资本金等方式，支持国家级文化产业基地建设，

支持文化产业重点项目及跨区域整合，支持国有控股文化企业股份制改造，支持文化领域新产品、新技术的研发。支持大宗文化产品和服务的出口。大幅增加中央财政"扶持文化产业发展专项资金"和文化体制改革专项资金规模，不断加大对文化产业发展和文化体制改革的支持力度。

③落实税收政策。贯彻落实《国务院办公厅关于印发文化体制改革中经营性文化事业单位转制为企业和支持文化企业发展两个规定的通知》中的相关税收优惠政策，研究确定文化产业支撑技术的具体范围，加大税收扶持力度，支持文化产业发展。

④加大金融支持。鼓励银行业金融机构加大对文化企业的金融支持力度。积极倡导鼓励担保和再担保机构大力开发和支持文化产业发展、文化企业"走出去"的贷款担保业务品种。支持有条件的文化企业进入主板、创业板上市融资。鼓励已上市文化企业通过公开增发、定向增发等再融资方式进行并购和重组，迅速做大做强。支持符合条件的文化企业发行企业债券。

⑤设立中国文化产业投资基金。按照有关管理办法，由中央财政注资引导，吸收国有骨干文化企业、大型国有企业和金融机构认购。基金由专门机构进行管理，实行市场化运作，通过股权投资等方式，推动资源重组和结构调整，促进国家文化发展战略目标的实现。

4. 国办发〔2014〕15 号文件

2008 年及 2014 出台的《关于文化体制改革中经营性文化事业单位转制为企业和支持文化企业发展两个规定的通知》进一步打开了新闻出版企业的融资大门。关于财政税收，国办发〔2014〕15 号文件中提出，中央财政和地方财政应安排文化产业发展专项资金，有条件的应扩大专项资金规模，创新资金投入方式，完善政策扶持体系，采取贴息、补助、奖励等方式，支持文化企业发展。关于投资和融资，该文件还提出：

①对投资兴办文化企业的，有关行政主管部门应当提高行政审批效率，并不得收取国家规定之外的任何附加费用。

②在国家许可范围内，鼓励和引导社会资本以多种形式投资文化产业，参与国有经营性文化事业单位转企改制，参与重大文化产业项目实施和文化产业园区建设，在投资核准、银行贷款、土地使用、税收优惠、上市融资、发行债券、对外贸易和申请专项资金等方面给予支持。

③鼓励国有文化产业投资基金作为文化领域的战略投资者，对重点领域的文化企业进行股权投资。创新基金投资模式，更好地发挥基金的引导和杠杆作用，推动文化企业跨地区、跨行业、跨所有制兼并重组，切实维护国家文化安全。

④进一步促进文化与金融对接，鼓励文化企业充分利用金融资源，投资开发战略性、先导性文化项目，进行文化资源整合，推动文化出口，中央财政和地方财政可给予一定的贴息。

⑤针对文化企业的特点，研究制定知识产权、文化品牌等无形资产的评估、质押、登记、托管、投资、流转和变现等办法，完善无形资产和收益权抵（质）押权登记公示制度，鼓励金融机构积极开展金融产品和服务方式创新。在风险可控、商业可持续原则下，进一步推广知识产权质押融资、供应链融资、并购融资、订单融资等贷款业务，加大对文化企业的有效信贷投入。鼓励和支持政策性金融充分发挥扶持、引导作用，加大对重点企业和项目的信贷支持。鼓励开发文化消费信贷产品。

⑥通过公司制改建实现投资主体多元化的文化企业，符合条件的可申请上市。鼓励已上市文化企业通过公开增发、定向增发等再融资方式进行并购和重组。鼓励文化企业进入中小企业板、创业板、"新三板"融资。鼓励符合条件的文化企业通过发行企业债券、公司债券、非金融企业债务融资工具等方式扩大融资，实现融资渠道多元化。

⑦探索国有文化企业股权激励机制，经批准，允许有条件的国有控股上市文化公司按照国家有关规定开展股权激励试点。

⑧对按规定转制的重要国有传媒企业探索实行特殊管理股制度，经批准可

开展试点。

⑨探索建立符合文化企业特点的信用评级制度。鼓励各类担保机构对文化企业提供融资担保，通过再担保、联合担保以及担保与保险相结合等方式分散风险。探索设立文化企业融资担保基金。

新闻出版业整个出版流程一般分为上游内容策划、中游出版和下游批发零售三个环节。此前的文件中对于中游的出版环节一直有着严格的资本进入限制。在2009年4月新闻出版总署印发的《关于进一步推进新闻出版体制改革的指导意见》中有明显突破，强调要鼓励和支持非公有资本以多种形式进入政策许可的领域。该文件还提出：要引导非公有出版工作室健康发展，发展新兴出版生产力。按照《国务院关于非公有资本进入文化产业的若干决定》（国发〔2005〕10号），鼓励和支持非公有资本以多种形式进入政策许可的领域。按照积极引导、择优整合、加强管理、规范运作的原则，将非公有出版工作室作为新闻出版产业的重要组成部分，纳入行业规划和管理，引导和规范非公有出版工作室的经营行为。积极探索非公有出版工作室参与出版的通道问题，开展国有民营联合运作的试点工作，逐步做到在特定的出版资源配置平台上，为非公有出版工作室在图书策划、组稿、编辑等方面提供服务。鼓励国有出版企业在确保导向正确和国有资本主导地位的前提下，与非公有出版工作室进行资本、项目等多种方式的合作，为非公有出版工作室搭建发展平台。

该文件还提出要加快推进现代出版物市场体系建设。在充分利用系统内国有资本的同时，开辟安全有效的新闻出版业融资渠道，有效地吸纳系统外社会资本和境外资本，实现以资本扩张带动业务扩张、规模扩张和效益扩张。

上述政策的制定与落实过程既为新闻出版业的开放历程，也是新闻出版业融资体系的发展与演变过程。目前，国家在新闻出版业的融资方面表现出前所未有的开放态度，这种局面为新闻出版企业运用市场力量融通资本、在金融体系的支持下做大做强提供了支撑和保障。

1.3 资本市场环境

作为资金融通的重要场所，资本市场的发展情况对于企业融资、成本控制及经营的难易程度具有重要影响。资本市场的资金供应者主要为各金融机构，如商业银行、保险公司、投资公司等；资金的需求者主要为工商企业、金融机构等。

1.3.1 股票市场

证券交易所是依据国家有关法律，经政府证券主管机关批准设立的集中进行证券交易的有形场所。证券交易所应当创造公开、公平的市场环境，提供便利条件从而保证股票交易的正常运行。证券交易所的职责主要包括：提供股票交易的场所和设施；制定证券交易所的业务规则；审核批准股票的上市申请；组织、监督股票交易活动；提供和管理证券交易所的股票市场信息。目前中国有四个交易证券所，分别是大陆地区的上海证券交易所和深圳证券交易所、香港地区证券交易所和台湾地区证券交易所。随着全球经济一体化程度的加深和我国改革开放力度的进一步加大，已有越来越多的企业"出海远航"，奔赴境外资本市场，在境外证券交易所挂牌上市。

1.3.1.1 上海证券交易所

上海证券交易所成立于1990年11月26日，同年12月19日开业，归属中国证监会直接管理。秉承"法制、监管、自律、规范"的八字方针，上海证券交易所致力于创造透明、开放、安全、高效的市场环境，以切实保护投资者权益。经过多年的持续发展，上海证券市场已成为中国大陆地区首屈一指的市场。截至2013年年底，上海证券交易所共有上市公司953家。上市股票数997只。股票市价总值151 165.27亿元，流通市值136 526.38亿元。上市公司总股本25 751.69亿股，流通股本23 731.13亿股，流通股本占总股本的92.15%。一大批国民经济支柱企业、重点企业、基础行业企业和高新科技企业通过上市，既筹集了发展资金，又转换了经营机制。上海证券交易所近三年的主要交易数据见表1-5。

表1-5　上海证券交易所主要交易数据

	2013年	2012年	2011年
上市公司总数	953	954	931
新上市公司数	1	26	39
上市证券总数	2786	2098	1691
股票	997	998	975
A股	944	944	921
B股	53	54	54
债券	1731	1059	680
政府债	218	191	213
公司债	1468	830	417
债券回购	45	38	50
发行数量(亿)			
股票	25751.69	24617.62	23466.65
基金	768.30	849.92	794.54
集资总额(亿)			
A股	2515.72	2890.31	3199.69
B股	0.00(US$)	0.00(US$)	0.00(US$)
股票流通数(亿股)	23731.13	19521.33	17993.80
股票市价总值(亿)	151165.27	158698.44	148376.22
股票流通市值(亿)	136526.38	134294.45	122851.36

资料来源：上海证券交易所网站。

经过20多年的建设与发展，上海证券交易所已跻身全球主要交易所之列。按照2011年7月的市值衡量，上海证券交易所在全球主要交易所排名第6。具体见表1-6。

表1-6　全球主要交易所市值前20排名（截至2011年7月31日）

排名	交易所名称	市值（百万美元）
1	纽约证券交易所	13758692.4
2	纳斯达克OMX	4031371.9
3	伦敦证券交易所	3802276.3
4	东京证券交易所	3791140.2
5	泛欧证券交易所（NYSE）	3085387.3
6	上海证券交易所	2760074.9
7	香港联合证券交易所	2731842.8
8	加拿大TSX证券交易所	2210263.0
9	德意志证券交易所	1574959.2
10	孟买证券交易所	1497459.4
11	巴西证券交易所	1486180.4
12	印度国家证券交易所	1462375.6
13	澳大利亚证券交易所	1435677.7
14	深圳证券交易所	1331847.7
15	瑞士证券交易所	1319487.7
16	西班牙证券交易所	1296659.3
17	韩国证券交易所	1245198.2
18	莫斯科银行间外汇交易所	1061190.3
19	北欧交易所（NASDAQ）	974671.1
20	约翰内斯堡证券交易所	908323.1

资料来源：邢会强，抢滩资本3，中国法制出版社，2012年9月。

1.3.1.2 深圳证券交易所

深圳证券交易所成立于1990年12月1日，是为证券集中交易提供场所和设施，组织和监督证券交易，履行国家有关法律、法规、规章、政策规定的职责，实行自律管理的法人。深圳证券交易所以建设中国多层次资本市场体系为使命，全力支持中国中小企业发展，推进自主创新国家战略实施。2004年5月，中小企业板正式推出；2006年1月，中关村科技园区非上市公司股份报价转让开始试点；2009年10月，创业板正式启动，多层次资本市场体系架构基本确立。

经过20多年的建设与发展，深圳证券交易所也已跻身全球主要交易所之列。按照2011年7月的市值衡量，深圳证券交易所在全球主要交易所排名第14（具体见表1-6）。截至2014年6月底，深圳证券交易所共有上市公司1 581家，上市证券数为2 401只。股票市价总值9 470 838 801 604.56元，流通市值6 793 364 375 301.80元。上市公司总股本911 901 071 477股，流通股本688 948 385 658股，其中流通股本占总股本的75.55%。一大批国民经济支柱企业、重点企业通过在深圳证券交易所上市，既筹集了发展资金，又转换了经营机制。一大批中小企业、高新科技企业也在深圳证券交易所获得了资金支持，使得我国自主创新的国家战略得以顺利实施。

深圳证券交易所的主要交易数据见表1-7。

表1-7　深圳证券交易所主要数据（2014年6月30日）

指标名称	本日数值
深证成指	7343.28
深证综指	1096.78
中小板指	4794.72
创业板指	1404.71
上市公司数	1581

指标名称	本日数值
上市证券数	2401
市场总成交金额(元)	159353403776.49
股票总股本(股)	911901071477
股票流通股本(股)	688948385658
股票总市值(元)	9470838801604.56
股票流通市值(元)	6793364375301.80
股票成交金额(元)	124152029311.77
平均股票价格(元)	10.39
股票平均市盈率	25.77
股票平均换手率	1.71

资料来源：深圳证券交易所网站。

深圳证券交易所与上海证券交易所主板在职能上有一部分重合，即发行股本在5千万至8千万之间的公司既可以选择上交所也可以选择在深交所上市，而发行股本在8千万以上的公司应在上海证券交易所上市，发行股本5千万以下的公司应在深圳证券交易所上市。

深圳证券交易所主板、中小企业板、创业板的具体发展情况见表1-8。

表1-8 深圳证券交易所各板块数据（2014年6月30日）

指标名称	主板	中小企业板	创业板
上市公司数	480	724	397
总发行股本(股)	509850064254	330926806148	105938137467
总流通股本(股)	409629447988	247419127858	67894617670
上市公司市价总值(元)	4365717532801	4912702333693	2178537060354
上市公司流通市值(元)	3571499082883	3497064620790	1316159399627
总成交金额(元)	44010139258	52393534641	25266908891

续表

指标名称	主板	中小企业板	创业板
总成交股数	5029131131	3720513096	1249029682
总成交笔数	2172336	2413293	1085450
平均市盈率(倍)	19.76	40.59	66.84

资料来源：深圳证券交易所网站。

1.3.1.3 其他证券交易所

目前我国企业上市地点除境内上海证券交易所及深圳证券交易所及港交所外，还包括美国、伦敦、新加坡等资本市场。中国企业上市的主要资本市场如图1-10所示。

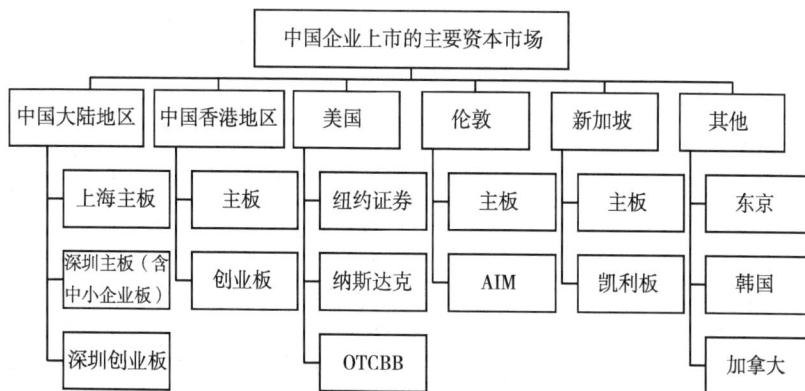

图1-10 中国企业上市的主要资本市场

资料来源：邢会强，抢滩资本3，中国法制出版社，2012年9月。

自2001年中共中央办公厅、国务院办公厅《关于转发〈中央宣传部、国家广电总局、新闻出版总署关于深化新闻出版广播影视业改革的若干意见〉的通知》（中办发〔2001〕17号）发布后，传媒领域的改革开放进程明显加快，一批传媒类上市公司转赴境外上市。

境外资本市场严厉的监管措施及严格的信息披露要求对于促进上市公司恪守诚信理念、完善法人治理结构、提高公司整体素质都具有巨大推动作用。

1.3.2 债券市场

1.3.2.1 我国债券市场总体情况

债券市场是发行和买卖债券的场所，是一国金融体系中不可或缺的部分。一个统一、成熟的债券市场可以为全社会的投资者和筹资者提供低风险的投融资工具。债券的收益率曲线是社会经济中一切金融商品收益水平的基准，因此债券市场也是传导中央银行货币政策的重要载体。

2008年以来我国债券发行量汇总数据见表1-9。

表1-9　2008年以来我国债券发行量数据

类别	发行只数（只）	只数比重（%）	发行额（亿元）	面额比重（%）
国债	468	2.80	104149.57	17.31
地方政府债	161	0.96	16000.00	2.66
央行票据	427	2.55	143052.00	23.77
同业存单	599	3.58	6036.10	1.00
金融债	1993	11.92	145047.54	24.10
政策银行债	1128	6.75	115570.65	19.20
商业银行债	105	0.63	4184.00	0.70
商业银行次级债券	176	1.05	12852.20	2.14
保险公司债	36	0.22	1613.61	0.27
证券公司债	90	0.54	2311.65	0.38
证券公司短期融资券	352	2.11	6795.40	1.13
其他金融机构债	106	0.63	1720.03	0.29
企业债	2004	11.98	27781.53	4.62

续表

类别	发行只数(只)	只数比重(%)	发行额(亿元)	面额比重(%)
一般企业债	1986	11.88	27690.08	4.60
集合企业债	18	0.11	91.45	0.02
公司债	1144	6.84	8183.86	1.36
一般公司债	506	3.03	7298.95	1.21
私募债	638	3.82	884.91	0.15
中期票据	2637	15.77	44276.46	7.36
一般中期票据	2513	15.03	43980.30	7.31
集合票据	124	0.74	296.16	0.05
短期融资券	4922	29.44	74621.52	12.40
一般短期融资券	4209	25.17	50228.52	8.35
超短期融资债券	713	4.26	24393.00	4.05
定向工具	1803	10.78	17474.64	2.90
国际机构债	1	0.01	10.00	0.00
政府支持机构债	71	0.42	9040.00	1.50
资产支持证券	428	2.56	3241.97	0.54
证监会主管 ABS	139	0.83	381.66	0.06
交易商协会 ABN	56	0.33	157.20	0.03
银监会主管 ABS	232	1.39	2703.11	0.45
可转债	51	0.31	2199.86	0.37
可分离转债存债	12	0.07	662.85	0.11
合计	16721	100.00	601777.89	100.00

数据来源：Wind资讯。

目前我国非金融企业债务融资工具主要包括短期融资券（短融，CP）、中期票据（中票，MTN）、中小企业集合票据（SMECN）、超级短期融资券（超短融，SCP）、非公开定向发行债务融资工具（PPN）、资产支持票据（ABN）

等类型。但从表1-10中可以看到，我国目前债券市场仍以国债、地方债、央行票据、同业存单、金融债为主，上述债券占债券发行总量的68.84%，而我国非金融企业债务融资工具发行总量只占到31.16%，其中企业债4.62%，公司债1.36%，中期票据7.36%，短期融资券12.4%，定向工具2.9%，资产支持债券0.54%，可转债0.37%。非金融企业债务融资工具的发展任重道远。

表1-10　公司债与企业债之比较

序号	比较项目	公司债	企业债
1	发行主体差别	由股份有限公司或有限责任公司发行的债券	由中央政府部门所属机构、国有独资企业或国有控股企业发行的债券，它对发债主体的限制比公司债窄
2	发行定价	由发行人和保荐人通过市场询价确定	利率限制是要求发债利率不高于同期银行存款利率的40%
3	发行制度	核准制。由证监会进行审核，对总体发行规模没有限制	审核制。发改委进行审核，发改委每年会确定一定的发行额度
4	发行状况	可采取一次核准，多次发行	要求审批后一年内发完
5	发债资金用途差别	主要用途包括：固定资产投资、技术更新改造、改善公司资金来源结构、调整公司资产结构、降低公司财务成本、支持公司并购和资产重组等	主要限制在固定资产投资和技术革新改造方面，并与政府部门的审批项目直接相关
6	信用来源差别	公司债的信用来源是发债公司的资产质量、经营状况、盈利水平和持续盈利能力等	不仅通过"国有"（即国有企业和国有控股企业等）机制贯彻政府信用，而且通过行政强制落实担保机制，实际信用级别与其他政府债券大同小异
7	发债额度差别	最低限大致为1200万元和2400万元	发债数额不低于10亿元

续表

序号	比较项目	公司债	企业债
8	管制程序差别	公司债监管机构往往要求严格债券的信用评级和发债主体的信息披露,特别重视发债后的市场监管工作	发债由国家发改委和国务院审批,要求银行予以担保;一旦债券发行,审批部门则不再对发债主体的信息披露和市场行为进行监管
9	市场功能差别	是各类公司获得中长期债务性资金的一个主要方式	受到行政机制的严格控制,每年的发行额远低于国债、央行票据和金融债券,也明显低于股票的融资额

资料来源:邢会强,抢滩资本3,中国法制出版社,2012年9月。

1.3.2.2　企业债与公司债的发展情况

《公司法》对公司债券的定义为:"公司依照法定程序发行、约定在一定期限内还本付息的有价证券。"公司债是由证监会监管的中长期直接融资品种,承诺于指定到期日向债权人无条件支付票面金额,并于固定期限按期依据约定利率支付利息。公司债券是公司外部融资的一种重要手段,是企业融资的重要来源,同时也是金融市场上的重要金融工具之一。企业债是由国家发改委监管,由中央政府部门所属机构、国有独资企业或国有控股企业发行的债券。企业债与公司债在发行主体、发行定价、发行制度、发行状况、发债资金用途、信用来源、发债额度、市场功能等方面均具有一定差别,具体见表1-10。2006年以来我国企业债与公司债各年度的发行情况见表1-11。

表1-11　企业债与公司债发行情况

时间		企业债(亿元)		公司债(亿元)
起始日期	截止日期	一般企业债	集合企业债	
2014/1/1	2014/10/31	6314.70	47.48	1010.56
2013/1/1	2013/12/31	4748.30	4.00	1701.10
2012/1/1	2012/12/31	6484.50	14.81	2623.31
2011/1/1	2011/12/31	2471.30	14.18	1291.20

续表

时间		企业债(亿元)		公司债(亿元)
起始日期	截止日期	一般企业债	集合企业债	
2010/1/1	2010/12/31	2821.20	5.83	511.50
2009/1/1	2009/12/31	3247.18	5.15	734.90
2008/1/1	2008/12/31	1566.90		288.00
2007/1/1	2007/12/31	1096.30	13.05	112.00
2006/1/1	2006/12/31	615.00		

数据来源：Wind资讯。

1.3.2.3 短期融资券与中期票据的发展情况

短期融资券是指具有法人资格的企业，依照规定的条件和程序在银行间债券市场发行并约定在一定期限内还本付息的有价证券。短期融资券是由企业发行的无担保短期本票。在中国，短期融资券是指企业依照《银行间债券市场非金融企业债务融资工具管理办法》的条件和程序在银行间债券市场发行和交易并约定在一定期限内还本付息的有价证券，是企业筹措短期（1年以内）资金的直接融资方式。

中期票据是指期限通常在5—10年的票据。公司发行中期票据，通常会通过承办经理安排一种灵活的发行机制：通过单一发行计划，多次发行期限可以不同的票据，这样更能切合公司的融资需求。目前，中期票据与短期融资券已成为企业重要的中短期债务融资工具，其发展情况具体见表1-12。

表1-12　我国中期票据与短期融资券发展情况

时间		中期票据(亿元)		短期融资券(亿元)	
起始日期	截止日期	一般中期票据	集合票据	一般短期融资券	超短期融资债券
2014/1/1	2014/10/31	7668.10	4.30	9292.80	8694.00
2013/1/1	2013/12/31	6918.20	60.39	8599.80	7535.00

续表

时间		中期票据(亿元)		短期融资券(亿元)	
起始日期	截止日期	一般中期票据	集合票据	一般短期融资券	超短期融资债券
2012/1/1	2012/12/31	8453.30	106.02	8400.47	5822.00
2011/1/1	2011/12/31	7269.70	66.23	8032.30	2090.00
2010/1/1	2010/12/31	4924.00	46.57	6742.35	150.00
2009/1/1	2009/12/31	6900.00	12.65	4612.05	
2008/1/1	2008/12/31	1737.00		4338.50	
2007/1/1	2007/12/31			3349.10	
2006/1/1	2006/12/31			2919.50	

数据来源：Wind资讯。

1.3.2.4 中小企业集合票据与债券

中小非金融企业集合票据是指由人民银行主导、银行间市场交易商协会组织、银行间债券市场成员共同参与，在全国银行间债券市场上推出的一种新的债务融资工具。这一融资工具一般由2个以上、10个以下具有法人资格的中小企业，按照"统一产品设计、统一券种冠名、统一信用增进、统一发行"方式在银行间债券市场共同发行。中小企业集合票据发行工作，对促进中小企业、非公有制经济发展，拓宽中小企业、非公有制经济直接融资渠道将会是一次非常有益的尝试。中小企业集合债券是指通过牵头人组织，以多个中小企业所构成的集合为发债主体，发行企业各自确定发行额度并分别负债，使用统一的债券名称，统收统付，向投资人发行的约定到期还本付息的一种企业债券形式。它是以银行或证券机构作为承销商，由担保机构担保，评级机构、会计师事务所、律师事务所等中介机构参与，并对发债企业进行筛选和辅导以满足发债条件的新型企业债券形式。这种"捆绑发债"的方式，打破了只有大企业才能发债的惯例，开创了中小企业新的融资模式。中小企业集合票据与中小企业集合债券及银行贷款在工作流程与产品结构方面的区别见表1-13。

作为创新的融资品种，这两种债券在债券发行总量中占比仍很低，集合企业债占0.02%，集合票据占0.05%，参见表1-9。

表1-13　各类中小企业融资产品比较

		中小企业集合票据	中小企业集合债券	银行贷款
工作流程比较	主管机构	交易商协会	国家发改委	各家商业银行
	参与方	相关政府机构、主承销商、评级机构、审计机构、律师事务所、信用增进机构等	相关政府机构、主承销商、评级机构、审计机构、律师事务所、担保机构等	商业银行
	主管机构工作制	注册制	审批制	商业银行内部审批
产品结构比较	企业资质	境内注册企业法人、无资产规模、净资产规模、盈利能力和偿债指标要求	有净资产最低要求、偿债能力要求、盈利能力要求等	根据各商业银行信贷政策确定
	单笔涉及企业家数	2-10家	多家	一般为1家
	融资金额	单个企业不能超过2亿元且不超过其净资产的40%，单只金额不超过10亿元	单个企业不超过净资产的40%	根据各商业银行信贷政策确定
	融资期限	短期或中长期	一般为中长期	短期为主
	信用增进措施	多种形式,由主承销商协助发行企业自行选择	一般为担保	多种形式,一般根据贷款银行要求
	投资者保护机制	由主承销商协助发行企业制定,较为符合市场需求	未明确	一般由商业银行在借款合同中规定,企业被动接受
	募集资金用途	用于生产经营不限特殊用途	一般与特定项目挂钩。用于调整债务结构的,要提供银行同意以债还贷的证明;用于补充营运资金的,不超过发债总额的20%	根据各项信贷政策和商业银行内部要求
	信息披露要求	高	较高	一般不要求公开披露

续表

	是否公开发行	是,发行前提前5个工作日公告	是,一般发行前提前一天公告	否
发行方式比较	提供融资方	银行间市场机构投资者	银行间或交易所市场投资者	提供贷款的商业银行
	融资利率确定方式	市场化方式决定	利率区间由人民银行审批	在人民银行指导利率区间内,由商业银行与企业协商确定
	融资利率高低	较低	较低	较高

资料来源:邢会强,抢滩资本3,中国法制出版社,2012年9月。

1.3.3 信贷市场

信贷市场上的市场主体可以划分为信贷资金的供给者和信贷资金的需求者两大类,信贷市场的主要功能就是在上述双方间融通资金。

在我国现行制度下,商业银行是信贷市场资金的主要供给者。商业银行是信贷市场上最活跃的成分,所占的交易量最大,采用的信贷工具最多,对资金供求与利率的波动影响也最大。目前在我国信贷市场上,国有商业银行占据了这个市场绝大部分的份额,不过随着中国金融体制的改革,股份制商业银行和地方城市商业银行的市场份额表现出逐步扩大的趋势。另外,在我国农村信贷市场上,农村信用社是最主要的资金供给者。我国中资全国性大型银行及中小型银行信贷资金供给情况见表1-14、表1-15。2011—2013年,我国商业银行资金供给规模呈逐年扩大态势。

表1-14 2011—2013年我国中资全国性大型银行人民币信贷收支表

单位:亿元

项目 Item	2011年	2012年	2013年
来源方项目 Funds Sources			
一、各项存款 Total Deposits	5277920.938	5868704.096	6482041.778
1.单位存款 Corporate Deposits	2462647.876	2635944.03	2909972.16
其中:活期存款 Demand Deposits	1160442.609	1197388.212	1275746.193
定期存款 Time Deposits	627129.8925	720360.1632	847813.5178
通知存款 Notice Deposits	84020.34554	80409.75086	83554.92111
保证金存款 Margin Deposits	179245.3346	170789.9109	189163.6728
2.个人存款 Personal Deposits	2694028.858	3083173.952	3413796.884
储蓄存款 Savings Deposits	2637344.457	2963370.711	3313003.772
保证金存款 Margin Deposits	460.0069446	693.5071486	970.7982251
结构性存款 Structure Deposits	56224.39379	119109.7345	99822.31421
3.临时性存款 Temporary Deposits	10226.00101	10621.12315	10721.15244
4.其他存款 Other Deposits	111018.2035	138964.9905	147551.5815
二、金融债券 Financial Bond Issue	568737.5414	670222.0142	761864.4027
三、向中央银行借款 Borrowing from the Central Bank	182.5679383	1317.396412	25351.58596
四、同业往来(来源方) Business with Counterpart (on source side)	332446.9639	405884.8129	349987.1342
五、其他 Other Items	−33031.52691	47857.17937	141529.0857
资金来源总计 Total Funds Sources	6146256.484	6993985.499	7695393.894
运用方项目 Funds Uses			
一、各项贷款 Total Loans	3433580.527	3903814.532	4383661.464
(一)境内贷款 Domestic Loans	3425000.954	3894646.086	4374322.97
1.短期贷款 Short-term Loans	875618.6285	1074554.55	1240084.539
2.中长期贷款 Medium & Long-term Loans	2495807.892	2734737.846	3049702.405
3.融资租赁 Financial Lease	0	0	0

续表

项目 Item	2011年	2012年	2013年
4.票据融资 Bill Financing	52710.86204	83366.15614	81624.76583
5.各项垫款 Advances	863.5708156	1987.534083	2911.259694
(二)境外贷款 Overseas Loans	8579.572889	9168.445996	9338.494223
二、有价证券 Portfolio Investments	1377074.323	1487318.254	1596649.866
三、股权及其他投资 Shares and Other Investments	83076.45593	118162.6486	93894.08809
四、缴存准备金存款 Reserves with the Central Bank	978575.459	1115526.736	1162484.516
五、同业往来(运用方)Business with Counterpart (on use side)	273949.72	369163.3282	458703.9601
资金运用总计 Total Funds Uses	6146256.484	6993985.499	7695393.894

数据来源：中国人民银行网站。

表1-15　2011—2013年我国中资全国性大型银行人民币信贷收支表

单位:亿元

项目 Item	2011年	2012年	2013年
来源方项目 Funds Sources			
一、各项存款 Total Deposits	1965378.159	2290448.715	2777599.614
1.单位存款 Coporate Deposits	1424623.347	1634266.421	1974633.392
其中:活期存款 Demand Deposits	552439.3923	548781.3734	625525.9567
定期存款 Time Deposits	375108.4186	450819.8013	585740.1434
通知存款 Notice Deposits	78846.70932	77944.97759	82664.97086
保证金存款 Margin Deposits	264014.369	337440.8688	382079.6559
2.个人存款 Personal Deposits	400965.137	492238.6177	630469.3054
储蓄存款 Savings Deposits	383915.8562	455417.6275	568471.6691
保证金存款 Margin Deposits	1848.584067	4404.813006	6802.959642
结构性存款 Structure Deposits	15200.69674	32416.17725	55194.67663

续表

项目 Item	2011年	2012年	2013年
来源方项目 Funds Sources			
3.临时性存款 Temporary Deposits	7017.563055	6846.074247	6173.811624
4.其他存款 Other Deposits	132772.1124	157097.602	166323.1049
二、金融债券 Financial Bond Issue	252955.9308	341439.3977	418498.1113
三、向中央银行借款 Borrowing from the Central Bank	36277.3254	37255.06539	40526.61324
四、同业往来(来源方) Business with Counterpart (on source side)	349969.8945	569774.267	784724.32
五、其他 Other Items	−52472.154	−37409.4362	−148116.052
资金来源总计 Total Funds Sources	2552109.156	3201508.009	3873232.606
运用方项目 Funds Uses			
一、各项贷款 Total Loans	1620572.549	1897116.772	2207883.224
(一)境内贷款 Domestic Loans	1612273.056	1886765.702	2196245.875
1.短期贷款 Short-term Loans	738649.5086	933542.6343	1158462.514
2.中长期贷款 Medium & Long-term Loans	821604.8311	872069.6626	961333.8046
3.融资租赁 Financial Lease	0.06650682	0.065764585	0.0048
4.票据融资 Bill Financing	51278.47413	78792.59546	71926.00081
5.各项垫款 Advances	740.1752202	2360.744217	4523.498226
(二)境外贷款 Overseas Loans	8299.493309	10351.06997	11637.34948
二、有价证券 Portfolio Investments	377059.5286	473371.2603	599628.9866
三、股权及其他投资 Shares and Other Investments	21114.2772	48511.3962	220349.0182
四、缴存准备金存款 Reserves with the Central Bank	351561.8122	445101.1791	534911.9142
五、同业往来(运用方) Business with Counterpart (on use side)	181800.9894	337407.4013	310459.4629
资金运用总计 Total Funds Uses	2552109.156	3201508.009	3873232.606

数据来源：中国人民银行网站。

1.3.4 社会融资规模

社会融资规模是全面反映金融与经济关系，以及金融对实体经济资金支持的总量指标。社会融资规模是指一定时期内（每月、每季或每年）实体经济从金融体系获得的资金总额，是增量概念。这里的金融体系为整体金融的概念，从机构看，包括银行、证券、保险等金融机构；从市场看，包括信贷市场、债券市场、股票市场、保险市场以及中间业务市场等。具体看，社会融资规模主要包括人民币贷款、外币贷款、委托贷款、信托贷款、未贴现的银行承兑汇票、企业债券、非金融企业境内股票融资、保险公司赔偿、投资性房地产和其他金融工具融资十项指标。随着我国金融市场发展和金融创新深化，实体经济还会增加新的融资渠道，如私募股权基金、对冲基金等。未来条件成熟，可将其计入社会融资规模。[6]

据统计，2013年全年社会融资规模为17.29万亿元，比2012年多1.53万亿元。其中，人民币贷款增加8.89万亿元，同比多增6 879亿元；外币贷款折合人民币增加5 848亿元，同比少增3 315亿元；委托贷款增加2.55万亿元，同比多增1.26万亿元；信托贷款增加1.84万亿元，同比多增5 603亿元；未贴现的银行承兑汇票增加7 751亿元，同比少增2 748亿元；企业债券净融资1.80万亿元，同比减少4 530亿元；非金融企业境内股票融资2 219亿元，同比减少289亿元。2013年12月份社会融资规模为1.23万亿元，比2012年同期减少3 960亿元。

从结构看，全年人民币贷款占同期社会融资规模的51.4%，同比低0.6个百分点；外币贷款占比3.4%，同比低2.4个百分点；委托贷款占比14.7%，同比高6.6个百分点；信托贷款占比10.7%，同比高2.6个百分点；未贴现的银行承兑汇票占比4.5%，同比低2.2个百分点；企业债券占比10.4%，同比低3.9个百分点；非金融企业境内股票融资占比1.3%，同比低0.3个百分点。具体情况见表1-16。[7]

表1-16 2012—2013年社会融资规模统计表

单位:亿元人民币

项目 Items	2012年	2013年
社会融资规模 Aggregate Financing to the Real Economy	157630.8093	172904
其中:人民币贷款 of which:RMB bank loans	82037.74367	88917
外币贷款(折合人民币)Foreign currency bank loans (converted into RMB)	9163.240639	5848
委托贷款 Entrusted loans	12838.3627	25465
信托贷款 Trust loans	12845.50699	18448
未贴现银行承兑汇票 Undiscounted bankers' acceptances	10498.31732	7750
企业债券 Net financing of corporate bonds	22551.19	18022
非金融企业境内股票融资 Equity financing on the domestic stock market by non-financial enterprises	2507.76	2219

数据来源:中国人民银行网站。

注:1. 社会融资规模是指一定时期内实体经济从金融体系获得的资金总额,是增量概念。

2. 当期数据为初步统计数。

3. 数据来源于人民银行、国家发改委、证监会、保监会、中央国债登记结算有限责任公司和银行间市场交易商协会等。

参考文献

[1] 2013年新闻出版产业分析报告[R]. 北京:中国新闻出版研究院,2014.

[2] 贺小霞.传统出版业的挑战与机遇[J].传播与版权,2014(5).

[3] 王富晓.国人读书量不及犹太人十分之一[EB/OL].[2014-04-02] http://roll.sohu.com/20140402/n397630838.shtml.

[4] 丁冬.当前出版业面临的挑战及其应对策略[J]. 编辑之友,2013(6).

[6] 刘琼, 侯银萍.我国出版企业融资问题的法律审视[J]. 中国出版,2011(10).

[6] 中国人民银行调查统计司负责人就社会融资规模有关问题答记者问[EB/OL].[2012-09-13] http://www.pbc.gov.cn/publish/goutongjiaoliu.

[7] 2013年社会融资规模统计数据报告[EB/OL].http://www.pbc.gov.cn/publish/goutongjiaoliu.

第2章　基本融资理论研究及启示

资本结构是指企业各种资本的构成及其比例关系。资本结构有广义和狭义之分。广义的资本结构是指企业全部资金的构成及其比例。狭义的资本结构是指企业各种长期资本的构成及其比例，尤其是指长期债务资本与股权资本之间的构成及其比例关系。资本结构是企业筹资决策的核心问题。虽然理论界对于最优资本结构的确认标准仍存争议，但企业确实需要综合考虑有关影响因素，合理确定资本的来源及比例关系，使股权资本与债权资本间形成相互制衡的关系，以利于公司经营的稳定和市场价值的提升。

2.1 资本结构的经典理论：MM理论

1958年，美国经济学家莫迪格莱尼和米勒在《美国经济评论》上发表《资本成本、公司财务与投资理论》一文。这篇文章讨论了在完美市场上、在没有税收等情况下，资本结构对公司价值的影响，提出了著名的"公司资本结构与其市场价值无关"的命题，即著名的"MM定理"。1961年，米勒又与莫迪格莱尼合作发表了《股利政策、增长及公司价值》一文，认为在一个无税收的完美市场上，股利政策和公司价值无关。此后，在1963年发表的《企业所得税和资本成本：一个修正》一文中，莫迪格莱尼和米勒又提出了修正的MM理论即含税条件下的资本结构理论。他们认为在考虑所得税后，公司的负债程度越高，其加权平均成本越低，公司收益乃至公司价值就越高。以上这些文章及其研究成果构成了完整的MM理论体系。

由于MM理论是在一系列严格的假设条件下得出的，与现实极不相符，因此，MM理论从其诞生之日起就处于争议的焦点。关于MM理论的争议一直持续至今，可以说，现代资本结构理论的发展历程就是关于MM理论的论战史。[1]正是受到MM理论的启发，随后的金融学家们沿着MM理论研究的思路，在逐步放松了MM理论的各项基本假设后，发展出了权衡理论、后权衡理论等最优资本结构的决策模型。20世纪80年代以后，随着信息经济学的深入发展，又形成了多种新资本结构理论：以代理成本为基础的理论，以非对称信息为基础的新优序融资理论，以产品／投入品市场的相互作用为基础的理论，考虑公司控制权竞争的理论等。总之，MM理论的出现标志着资本结构理论从传统观点向现代观点的过渡，是资本结构理论的一次里程碑式的飞跃。[2]

MM理论是建立在一系列严格假设条件下的，莫迪格莱尼和米勒首次提出MM定理时的一个基本假设条件就是完全市场；该假设假定个人和企业可以在金融市场中进行无成本交易，并且在获得信息方面是无差异的。[3]正是基于一系列完全市场的严格假设，莫迪格莱尼和米勒提出了著名的MM定理1和MM定理2。

2.1.1 MM定理1：无税收的MM模型

MM定理1说明，在没有税收（包括公司所得税和个人所得税）的情况下，公司的总价值不受公司资本结构的影响。在给定的公司资本结构中，公司负债的增加并不会增加公司的价值。也就是说，在完美市场的假设条件下，公司的价值和公司的资本结构无关。这一理论也可以表述为：如果市场是完美的，投资者不可能因为将其现金流切割成不同的部分就能获得公司价值的超额回报，这就像我们不能通过不同的切割方法来增加馅饼的尺寸一样。所以MM定理I有时也被称为"馅饼理论"。[3]

2.1.2 MM定理2：有税收的MM模型

MM定理在逻辑上是合理的。按照这一理论推断，公司资本结构如果和公司的市场价值无关，那么公司的负债水平在不同的地区、部门或行业中就会呈现随机分布。[4]而在现实观察中经常可以发现，不同公司的负债水平在多个部门或行业之间的分布是有规律的。例如，几乎所有航空公司、交通设施部门、公用事业和房地产发展公司等资本密集型公司的资产负债比都很高，而高科技行业或者制药行业的负债水平要相对低一些。[3]正是基于此，莫迪格莱尼和米勒（1963年）将所得税对公司资本结构的影响引入其1958年的分析框架之中，对无税的MM模型进行了修正，指出债务会因利息所具有的减税作用而增加公司的价值。[5]因此，公司的负债比率越高，公司的价值也就越高。

2.2 现代公司资本结构理论

2.2.1 代理成本理论

代理成本理论是经过研究代理成本与资本结构的关系而形成的。这种理论通过分析指出，公司债务的违约风险是财务杠杆系数的增函数；随着公司债权资本的增加，债权人的监督成本逐渐上升，债权人会要求更高的利率。这种代理成本最终要由股东承担，公司资本结构中债权比率过高会导致股东价值的减少。根据代理成本理论，债权资本适度的资本结构会增加股东的价值。[3]

上述资本结构的代理成本理论仅限于债务的代理成本。

2.2.2 信号传递理论

信号传递理论认为，公司可以通过调整资本结构来传递有关获利能力和风险方面的信息，以及公司如何看待股票市价的信息。[3]

按照资本结构的信号传递理论，公司价值被低估时会增加债权资本，反之亦然。

2.2.3 啄序理论

资本结构的啄序理论认为，公司倾向于首先采用内部筹资；如果需要外部筹资，公司将首先选择债券筹资，再选择其他外部股权筹资。这种筹资顺序的选择也不会传递对公司股价产生比例影响的信息。[6]

按照啄序理论，不存在明显的目标资本结构，因为虽然留存收益和增发新股均属股权筹资，但前者最先选用，后者最后选用。获利能力强的公司之所以安排较低的债权比率，并不是出于确立较低的目标债权比率的考虑，而是由于不需要外部筹资；获利能力较差的公司选用债权筹资是由于没有足够的留存收益，而且在外部筹资选择中债权筹资为首选。[3]

2.3 资本结构与公司绩效关系国内外相关理论研究综述

2.3.1 国外的相关研究

国外众多学者有关资本结构与公司绩效方面的研究大体分为以下三个方面。

（1）资本结构与公司绩效呈正向关系（见表2-1）。

表2-1 国外资本结构与公司绩效正相关关系理论研究总结

理论提出者	时间	研究路径及结论
Modigliani 和 Miller	1958年	MM理论在考虑税的模型中认为,负债具有抵税效应,负债水平与企业价值呈正向关系[7]
Masulis and Ronald w	1983年	采用实证方法得出研究结论:普通股价格变动与负债水平的波动正相关,公司绩效与负债水平正相关[7]
LaxiCh and Bhantlari	1988年	在《财务学刊》上发表的《债务/权益比与普通股期望收益:经验数据》一文中指出,债务与权益比例与普通股预期收益正相关[8]
Israel	1989年	研究发现,资本结构与公司价值存在正向关系,在考虑外生变化因素的影响时,资本结构和公司价值会同方向变化[7]
Barclay	1995年	以1974—1991年美国所有工业类上市公司为样本,研究结论显示:账龄在3年以上的债权,其数量占公司总债权数量的比率与公司市场价值和账面价值的比率呈显著正相关[7]
Frank and Coyal	2003年	以1995—2000年美国非金融企业为样本,研究发现,公司绩效与财务杠杆比率呈正相关,公司绩效与市场价值/财务杠杆比率负相关[7]
Michael R King and Eric-Santor	2005年	以1998—2005年加拿大613个家族公司为样本,研究结论显示:公司第一大股东持股比例与资本结构和公司绩效均呈正向关系[7]

（2）资本结构与公司绩效呈负向关系（见表2-2）。

表2-2　国外资本结构与公司绩效负相关关系理论研究总结

理论提出者	时间	研究路径及结论
Jensen and Meekling	1976年	将股东分为内部股东和外部股东两类,研究发现,公司价值取决于内部股东所占有股份的比重,该比重与公司价值正相关[9]
Titman and Wessels	1988年	以1972—1982年美国制造业469家上市公司的财务数据为样本。采用因子分析法结合线性模型,研究发现,获利能力与负债比率间存在显著的负向关系[7]
K. Shah	1994年	研究发现,负债比重增加或减少时,在宣布融资结构变化的当天,股价与之同方向变化[8]
Rajan R.G and Zingalas L	1995年	以西方七个工业化国家的数据为研究对象,研究发现,盈利能力与负债比率负相关[7]
Booth	2001年	以10个发展中国家为研究对象,研究发现,除了津巴布韦之外,其他发展中国家的公司绩效与资本结构之间都存在非常显著的负相关[7]
Timothy J, Brail Sford, BarTyr Oliver and Sandra L. H.Pua	2002年	以1989—1995年澳大利亚的49家上市公司为样本进行实证研究,结果表明:获利能力与资本结构负相关,前五大股东持股比重与资本结构正相关,公司规模与资本结构不相关,公司成长性与资本结构负相关[7]
Dulacha and Greg	2006年	采用实证方法对肯尼亚商业银行股权结构和银行绩效进行研究,发现董事及高管持股比例与银行经营绩效负相关[10]

（3）资本结构与公司绩效不存在固定的相关关系（见表2-3）。

表2-3　国外资本结构与公司绩效不存在固定相关关系理论研究总结[7]

理论提出者	时间	研究路径及结论
Modigliani and Miller	1958年	研究了1947—1948年43家电力行业公司及1953年4家石油公司,采用截面研究方法,研究结果表明,公司价值与资本结构无关
Holdrness and Sheehan	1988年	对存在绝对控股股东的上市公司与股权特别分散的上市公司进行业绩比较,以托宾Q值与会计利润率为衡量公司绩效的指标,发现公司的股权与公司绩效之间无相关关系
Jensen,Solberg and Zom	1992年	研究内部管理者持股比例和负债之间的关系,结果显示:内部人员持股比例与负债、公司绩效、事业风险和研发支出不存在显著关系,与公司规模呈现正相关关系;负债比重与公司绩效不存在显著的相关关系,与事业风险、获利能力和研发支出存在负相关关系
Bathala, Moon and Rao	1994年	以1988年516个公司为样本,利用联立方程式和两阶段最小平方法,研究结果显示:管理者持股比重与机构持股比重、股票报酬波动性、负债比重及公司规模呈现负相关关系,跟研发支出呈现正相关关系;负债比重与股票报酬波动性、获利能力和机构持股比重呈现负相关关系,与公司规模呈现正相关关系
Agrawal and Knoeber	1996年	以1987年的福布斯所列的前800家公司为研究对象,采用普通最小平方法和两阶段最小平方法,结果表明:公司绩效与负债在采用普通最小平方法时负相关,在采用两阶段最小平方法时正相关
Joulan, Lowe and Taylor	1998年	选择了1989—1993年275家英国私人或独立的中小型企业为研究对象,研究结论显示:企业获利率与负债比正相关,税率及现金流量与负债比率负相关,营业额及销售增长率与负债比无直接关系

理论提出者	时间	研究路径及结论
Myeong-HyeonCho	1998年	以《幸福》杂志500家制造业公司为研究对象,研究发现,当内部股东股权比重在0—7%—38%和38—100%三个区间内,公司价值分别随内部股持股比例的增加而增加、减少而减少
simely and Li	2000年	采用理论和实证相结合的方法,研究结果表明:当公司环境稳定时,负债比例高,有利于提高公司绩效;当公司环境动态强时,高债务比例则不利于提高公司绩效
Thomsen and Pedersen	2003年	研究了欧洲12国最大的435家公司,研究发现:公司绩效与第一大股东持股比例呈向下开口的二方抛物线形状,销售收入增长率与股票集中度没有显著关系

2.3.2 国内的相关研究

国内学者对融资结构研究起步较晚,且大多采用实证研究方法。由于不同的学者对融资结构研究选取的样本不同、采用的方法不同,因此得出了不同的结论,跟国外学者的研究成果相类似,主要分为以下三个方面。

(1) 资本结构与公司绩效呈正向关系（见表2-4）。

表2-4　国内资本结构与公司绩效正相关关系理论研究总结

理论提出者	时间	研究路径及结论
王娟和杨凤林	2002年	以1999—2000年深、沪两市845家非金融类公司财务数据和相关统计数据为样本进行实证研究,研究发现:净资产收益率与资本结构存在正向关系[11]
汪辉	2003年	对上市公司的负债融资与公司治理、公司市场价值三者进行了理论和实证研究,发现我国上市公司负债融资可以有助于改善公司治理、增加公司的市场价值[12]

续表

理论提出者	时间	研究路径及结论
姚德权和陈晓霞	2008年	以中国传媒上市公司为例,通过构建 Panel Data 模型,对其资本结构与公司绩效关系进行实证检验。实证结果表明,传媒上市公司资本结构与公司绩效存在显著的正向关系[13]
张星文、钟金萍和郭玫	2011年	以1995—2009年房地产行业为研究对象,通过研究行业资本结构与绩效的长期关系,证明在长期内,行业资产负债率和净资产收益率也就是资本结构与绩效之间存在长期均衡关系,资产负债率增加会促进净资产收益率增加。这将会使行业绩效提升,也即资本获利能力增强[14]
贺晋、张晓峰和丁洪	2012年	以房地产上市公司2007—2010年年报数据为研究对象,研究结果显示,股东权益报酬率同资本结构正相关,而 Tobin'Q 同资本结构负相关[15]
沈静和房曼	2012年	以在沪、深交易所上市的55家能源公司的财务数据和公司治理结构数据为样本,利用计量经济学的实证分析方法,建立多元回归模型,对公司资产负债率和第一大股东持股比例与公司绩效之间的相关关系进行检验,分析得出公司绩效与资产负债率呈负向关系、公司绩效与第一大股东持股比例呈正向关系的结论[16]
王彦飞	2013年	以沪、深两市129家民营上市公司为对象,利用随机前沿方法对其进行了实证研究。结果表明,资本结构同公司绩效呈显著正相关[17]
简真强和李记龙	2013年	以我国A股主板上市公司2002—2011年共10年的样本数据,对多元资本结构与企业绩效之间的关系进行了实证分析。结果表明:多元资本结构与企业绩效具有显著的正向关系,其中,股东盈利能力与企业规模、财务杠杆、企业成长能力、智力资本乘数均具有非常显著的正向关系,而企业获利能力与除财务杠杆外的其他变量也都存在显著的正相关[18]

（2）资本结构与公司绩效呈负向关系（见表2-5）。

表2-5 国内资本结构与公司绩效负相关关系理论研究总结

理论提出者	时间	研究路径及结论
胡竹枝	2005年	采用截面分析法对中小企业资本结构与公司绩效的相关性进行了实证分析,研究发现,中小企业的财务杠杆与企业绩效之间存在反向关系[19]
王满四	2006年	研究负债筹资与对经理人员的激励的关系,研究结果显示:在负债筹资对公司绩效的影响过程中,经理人员的薪酬并未发挥显著的激励作用;负债筹资对经理人员在职消费的影响导致经理的代理成本大大提高,对公司绩效具有明显的负作用[8]
余景选和郑少锋	2010年	以沪、深交易所的农业上市公司为对象,研究结果表明,农业上市公司的长期负债比率与当期、滞后一期及滞后两期的净资产收益率均没什么关系,总负债率和流动负债比率则与当期的净资产收益率之间呈现出不显著的负向关系[20]
张靖榕和陈丰	2011年	选择了2007年江苏省所有上市公司110家为初始样本,剔除5家,最终确定了105个研究样本。多元回归结果验证并支持了假说,公司的经营绩效与资产负债率呈负向关系,而公司的成长能力与资产负债率呈正向关系[21]
陈德萍和曾智海	2012年	样本选取2011年前上市的公司,同时剔除异常值和空缺值,最终选取了187家创业板块上市公司作为研究样本。研究结果表明,我国创业板上市公司资本结构与企业绩效存在显著负相关关系,这可能是因为我国创业板存在的"高超募率"现象所导致[22]
邓丽雯	2013年	以我国沪、深两地46家物流业上市公司为研究样本,深入分析了资本结构和企业绩效间的相关关系,研究表明,资本结构和企业绩效之间存在负向关系[23]
张红和杨飞	2013年	研究数据选用2005—2011年中国A股上市公司的面板数据。研究结论为:中国上市公司的负债率与其绩效负相关,公司资本结构与绩效的相互作用程度与公司性质有关。同民营上市公司相比,国有上市公司负债率对绩效影响较小,但绩效状况对负债率影响较大[24]

理论提出者	时间	研究路径及结论
翁灵和吴蔚	2013年	用多元回归分析法对生物医药行业100家上市公司进行实证分析,结果表明:资本结构确与绩效呈显著负相关,上市公司的债务融资没有起到提高绩效的作用[25]
周文君	2013年	以2002—2012年上市银行为研究对象,对上市银行的资本结构与经营绩效关系进行了实证研究。结果发现:上市银行的经营绩效与第一大股东持股比例呈现负相关,但是与前五大股东持股比例、前十大股东持股比例是正相关的[26]
熊婧	2014年	将2006年12月31日之前在中小板发行上市的公司作为备选样本,在筛选之后对样本公司2007—2011年的资本结构数据与绩效数据进行了实证分析,得到两者显著负相关的结论[27]

（3）资本结构与公司绩效不存在固定的相关关系（见表2-6）。

表2-6　国内资本结构与公司绩效不存在固定相关关系理论研究总结

理论提出者	时间	研究路径及结论
张红军	2000年	采用实证方法以1998年的385家上市公司为研究对象,研究发现:法人股比例与托宾Q值存在显著的U形关系,即当法人股比例较小时,公司价值随着法人股比例的上升而降低;当法人股比例较大时,公司价值随着法人股比例的上升而上升;当法人股比例为30%左右时,托宾Q值最小,国有股、A股与托宾Q值不存在显著的相关性[28]
冯国民	2008年	以2000—2006年7家股份制商业银行为样本,发现:法人股比重与公司业绩正相关;流通股比重与公司业绩负相关;国家股比例与公司业绩负相关;股权集中度与公司业绩正相关[10]

续表

理论提出者	时间	研究路径及结论
徐玉玲	2010年	以2010年上市公司披露的2009年年度财务数据为研究对象,研究结果表明,由于模型Ñ的总体方程不存在,说明净资产收益率与资产负债率不存在简单的线性的关系,没有一致的正向或者负向变动的关系。模型Ò的总体方程不存在,说明净资产收益率与资产负债率也没有先正向相关后负向相关的倒U形曲线关系[29]
乐菲菲、徐伟和程绚	2011年	运用多元回归分析法,对深、沪两市电子行业上市公司的资本结构与绩效的关系进行实证分析。结果表明:中国电子行业上市公司的资本结构与绩效之间不存在稳定均衡的互动关系[30]
谢玲玲和许敏	2012年	选取2005年上市的50家企业为样本,搜集整理了这50家上市公司2005—2009年的相关数据。研究表明,中小板上市公司的资本结构与公司绩效之间存在显著负相关,公司规模与公司绩效呈正相关关系[31]
李凌	2013年	选取2010年12月31日以前上市的564家中小企业上市公司为样本数据,选取样本公司2011年的财务数据作为研究样本,研究结果发现,我国中小板上市公司的资本结构与经营绩效之间存在一定的关系,但资本结构与经营绩效的关系并不如西方发达市场显著[32]
冯跃和盛斌	2013年	选取沪、深A股市场的低成长型(纺织行业、机械行业)以及高成长型的信息技术行业作为样本,在控制股权结构的基础上(股权集中度和实际控制人的性质)检验了公司杠杆率对公司绩效的影响。在三个行业中,杠杆率(负债率)和公司绩效都呈显著的倒U形关系,即当杠杆率较低时,如杠杆率升高则公司绩效升高;当杠杆率过高时,则杠杆率升高则公司绩效降低[33]

综上,对于企业资本结构与绩效的研究,无论是国外还是国内,目前都没有形成一致的结论。另外,目前对资本结构与公司绩效的研究大多以整体上市公司为研究对象,对某个特定行业特别是出版行业进行研究的更少。因此,以

出版行业公司作为研究对象开展研究具有一定的理论及实际意义。

参考文献

[1] 孙立新,初征.资本结构理论及优化措施分析[J].财会通讯,2008(7).

[2] 童勇.中国上市公司资本结构研究[D].上海:复旦大学,2006.

[3] 王皎.中国上市公司资本结构研究[D].沈阳:辽宁大学,2011.

[4] 李春燕.我国上市公司资本结构与融资偏好研究[D].北京:北京化工大学,2008.

[5] 张旭.SY有限公司成长过程融资策略案例分析[D].大连:大连理工大学,2013.

[6] 程海涛.资本结构理论研究与启示[J].财会通讯,2012(24).

[7] 宗焕萍.上市公司资本结构对公司绩效的影响研究——来自我国房地产上市公司的经验数据[D].天津:天津财经大学,2012.

[8] 王文红.我国上市公司债务融资约束条件下的投资选择实证研究[D].镇江:江苏大学,2007.

[9] 杨梅,马奎.邓小平与萨缪尔森的市场经济理论比较研究[J].西北第二民族学院学报,2002(2).

[10] 王彭彭.我国商业银行资本结构与绩效关系研究[D].石家庄:河北经贸大学,2011.

[11] 余国杰,沈思,郝萌萌.国有企业财务行为的产权经济学分析[J].财会通讯,2007(9).

[12] 曾维君.我国上市公司财务杠杆效应的实证分析[D].成都:西南财经大学,2009.

[13] 姚德权,传媒上市公司资本结构与绩效相关性研究[J].国际经贸探索,2008(12).

[14] 张星文,钟金萍,郭玫.房地产行业资本结构与绩效关系的实证研究——基于时间序列分析[J].会计之友,2011(9).

[15] 贺晋,张晓峰,丁洪.资本结构对企业绩效影响的实证研究——以我国房地产行业为例[J].企业经济,2012(6).

[16] 沈静,房曼.能源企业资本结构与公司绩效的相关性研究[J].财会月刊,2012,3(中旬刊).

[17] 王彦飞.民营资本结构、治理结构与公司绩效[J].生产力研究,2013(9).

[18] 简真强,李记龙.上市公司多元资本结构与企业绩效实证研究[J].财会通讯,2013,10(下).

[19] 傅晓春.中小企业融资问题研究[D].镇江:江苏大学,2007.

[20] 余景选,郑少锋. 农业上市公司资本结构与绩效的关系[J]. 开发研究,2010(4).

[21] 张靖榕,陈丰. 资本结构与绩效相关性实证分析——基于江苏省上市公司的数据[J]. 财会通讯,2011,7(上).

[22] 陈德萍,曾智海. 资本结构与企业绩效的互动关系研究——基于创业板上市公司的实证检验[J]. 会计研究,2012(8).

[23] 邓丽雯. 资本结构对绩效影响研究——以物流上市公司为例[J]. 物流技术,2013,32(2).

[24] 张红,杨飞. 中国上市公司资本结构与绩效的关系研究——国有与民营上市公司的差异[J]. 经济问题探索,2013(9).

[25] 翁灵,吴蔚. 生物医药行业上市公司资本结构与绩效关系实证研究[J]. 现代经济信息,2013(22).

[26] 周文君. 上市银行资本结构与经营绩效关系实证研究[J]. 财会通讯,2013,12(下).

[27] 熊婧. 我国中小板上市公司资本结构对绩效的影响[J]. 特区经济,2014(1).

[28] 白丽晗. 我国上市公司资本结构与企业价值关系的实证分析[D].重庆:重庆交通大学,2010.

[29] 徐玉玲. 资本结构与绩效的相关性研究——基于上市公司年报的实证分析[J]. 东北大学学报,2010(6).

[30] 乐菲菲,徐伟,程绚. 电子行业上市公司资本结构与绩效之相关性浅探[J]. 现代财经,2011(3).

[31] 谢玲玲,许敏. 中小企业资本结构对公司绩效影响实证分析——以中小板上市公司为例[J]. 财会通讯,2012(5).

[32] 李凌. 资本结构对经营绩效的影响——基于中小板上市公司的实证[J]. 学术论坛,2013(12).

[33] 冯跃,盛斌. 资本结构对公司绩效影响的实证研究——以中国上市公司2008—2010年数据为例[J]. 社会科学家,2013(9).

第3章 我国新闻出版业主要融资模式分析

在一个相对成熟的资本市场上，企业的融资方式众多。按照不同的标准来划分，可以分为内部融资与外部融资、股权融资与债权融资、长期融资与短期融资、直接融资与间接融资等。在新闻出版整个产业链条上，因行业性质不同，有的经济属性鲜明，较早明确企业属性，其融资管制宽松，因此融资渠道宽广、融资方式众多；有的意识形态属性更为鲜明，其监管经历了从严密到逐步放开的过程，因此其融资体系也经历了一个较长的成长期，逐步发展完善。下面对我国新闻出版业的主要融资模式进行系统的剖析。

3.1 我国新闻出版企业资本市场上市融资

在2001年新闻出版改革的破冰之年后，随着政策的逐渐明朗，新闻出版业改革开放的步伐逐步加快，明确了已转制为企业的经营性新闻出版单位在条件具备后也可以上市融资，新闻出版企业上市融资的大门逐渐开启。

通过公开发行股票、上市流通这种方式，可以使新闻出版企业在短时间内筹集到支持企业发展的巨额资金，使企业的"蛋糕"迅速做大。从长远来看，上市是手段而不是最终目的。与其他方式相比，上市融资为新闻出版企业赢得了时间，争取到了空间，有利于新闻出版企业突破地域局限、突破行业及所有制限制，有力地推动了新闻出版企业现代企业制度的建立及竞争优势的塑造。目前我国新闻出版企业上市融资主要有如下两种路径：一是通过首次公开募股方式，二是"借壳上市"。具体见表3-1。

表3-1 我国主要出版类公司上市方式情况表

机构名称	股票名称	股票代码	上市时间	上市方式
上海新华发行集团	新华传媒	600825	2006.08.01	借壳华联超市
四川新华发行集团	新华文轩	600811	2007.05.30	IPO
辽宁出版传媒	出版传媒	601999	2007.12.21	IPO
安徽出版集团	时代出版	600551	2008.11.05	借壳科大创新
安徽新华发行集团	皖新传媒	601801	2010.01.18	IPO
天舟科教文化股份有限公司	天舟文化	300148	2010.12.15	IPO
江西省出版集团公司	中文传媒	600373	2010.08.03	借壳ST鑫新
江苏凤凰出版传媒集团有限公司	凤凰传媒	601928	2011.11.30	借壳ST耀华
湖南出版集团	中南传媒	601098	2010.10.28	IPO
湖北长江出版传媒集团	长江传媒	600757	2012.01.28	借壳
广州日报报业集团	粤传媒	002181	2007	IPO
中原出版传媒投资控股集团	大地传媒	000719	2011	借壳S*ST鑫安
成都博瑞传播集团	博瑞传媒	600880	2000	借壳
浙江传播集团	浙报传媒	600633	2011	借壳

3.1.1 首次公开募股方式

首次公开发行（Initial Public Offerings，IPO）是指股份公司通过证券交易所首次向社会公众公开招股、募集企业发展资金的过程。随着新闻出版业改革开放的进程加快，许多新闻出版企业都在谋求融资扩张，其中有一部分则选择了 IPO 的方式在国内外证券交易所上市融资。一般企业首次公开募股的程序如图 3-1 所示。

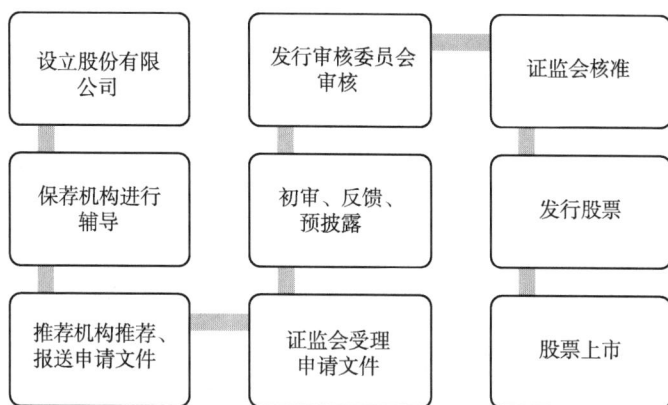

图 3-1　企业改制上市流程图

资料来源：邢会强，抢滩资本 3，中国法制出版社，2012 年 9 月。

传媒类上市公司因兼具经济和意识形态属性，在上市过程中需报中宣部及国务院主管部门审批，其上市程序如图 3-2 所示。

图 3-2　中国传媒企业国内 IPO 的步骤

国内直接上市融资又可分为整体上市和部分分拆上市。

3.1.1.1　IPO 整体上市

整体上市是指一家公司将其主要资产和业务整体改制为股份公司进行上市的做法。随着证监会对上市公司业务独立性的要求越来越高，整体上市逐渐成为公司首次公开发行上市的主要模式。在新闻出版企业的首发上市过程中，因为市场化时间短，新闻出版集团普遍对于金融市场和资金运作比较陌生，而IPO整体上市模式对企业自身的营业规模和盈利能力又有较高要求。因此，在新闻出版集团上市初期，通过IPO上市的企业并不多，比较有代表性的是2007年在境内A股上市的出版传媒，同年在香港H股上市的新华文轩，以及在A股市场全产业链上市的中南传媒。

（1）出版传媒——中国A股整体上市

2007年上市的出版传媒因是出版领域中在中国A股实现整体上市的第一单，故而具有较强的示范效应。

2006年8月29日，经辽宁省人民政府辽政〔2006〕74号文《辽宁省人民政府关于同意辽宁出版集团有限公司改制重组并赴香港联交所主板上市（H股）的批复》和中华人民共和国新闻出版总署新出图〔2006〕551号文《关于同意辽宁出版集团有限公司改制重组赴香港联交所主板（H股）上市有关事宜的批复》批准，由辽宁出版集团有限公司、辽宁电视台广告传播中心作为发起人，以发起方式设立辽宁出版传媒股份有限公司。其中，出版集团投入经北京中企华资产评估有限责任公司中企华评报字〔2006〕第163号《评估报告》评估，并经辽宁省国资委辽国资产权〔2006〕197号文件《关于对辽宁出版集团有限公司拟设立辽宁出版传媒股份有限公司资产评估项目予以核准的批复》确认的净资产为402 914 686.67元，另投入现金13.33元，按照1∶1折为本公司普通股402 914 700股；广告中心投入现金8 000 000.00元，按照1∶1折为本公司普通股8 000 000股，股份合计410 914 700股。

2006年11月23日，中共中央宣传部下发《关于同意辽宁出版传媒股份有限公司变更上市地点的函》。

2006年12月5日，辽宁省人民政府下发辽政〔2006〕286号《辽宁省人民政府关于变更辽宁出版集团有限公司重组改制上市有关文件的批复》，同意出版传媒由原批准的赴香港联交所主板（H股）上市变更为在境内申请首次公开发行A股并上市。

2006年12月13日，新闻出版总署下发新出图〔2006〕1305号《关于同意辽宁出版传媒股份有限公司在境内（A股）上市的批复》。

2007年12月14日，经中华人民共和国证券监督管理委员会证监发行字〔2007〕452号文核准，公司首次向社会公众发行人民币普通股14 000万股，其中网下配售2 800万股，网上定价发行11 200万股。

2007年12月21日，经上海证券交易所上证上字〔2007〕216号文批准，公司股票在上海证券交易所上市。[1]

从辽宁出版传媒股份有限公司的上市历程可以看到，因涉及意识形态领域，在国内A股上市的出版传媒经历了主管部门一系列复杂的审核和权衡，最后获批从而成功登陆资本市场。辽宁出版传媒股份有限公司上市后，充分利用在全国出版业首家上市试点获得圆满成功的先发优势加快发展。作为国内首家将编辑业务和经营业务整体上市的出版企业，公司坚持质量效益型发展的模式，充分发挥在资本市场上取得的先机，开拓创新，稳健经营，规范运作，科学管理，使资本和产业发展形成良性互动；不断增强核心竞争力，提升经营业绩，实现由产业经营向资本运营的跨越。[2]

以下以北方联合出版传媒（集团）股份有限公司的组织结构图为例，展示目前出版传媒内部组织结构（见图3-3）。

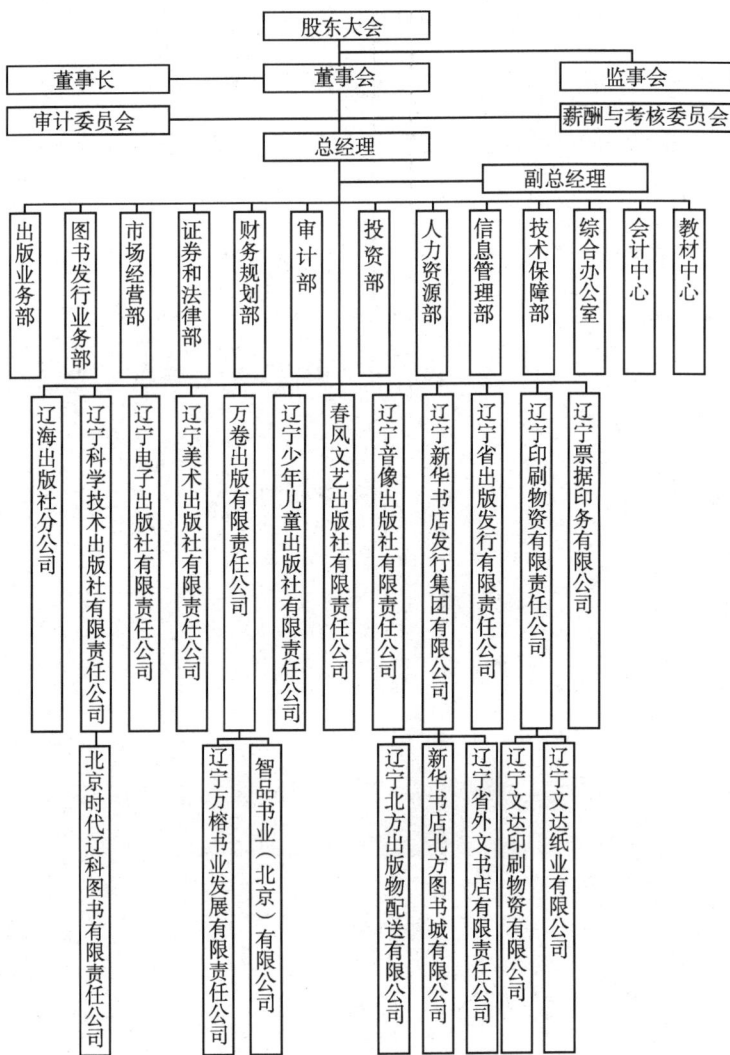

图 3-3 北方联合出版传媒（集团）股份有限公司组织结构图

资料来源：北方联合出版传媒（集团）股份有限公司官网。

（2）中南传媒——中国A股全产业链上市

中南出版传媒（集团）股份有限公司是由湖南出版投资控股集团有限公司主营业务和资产重组改制而来。公司成立于2008年12月25日，现有注册资本17.96亿元人民币。2010年10月28日，中南传媒在上海证券交易所挂牌上市（股票代码：601098），募集资金42.43亿元，超募130%，成为我国第一支全产业链整体上市的出版传媒股。中南传媒的出版板块包括9家新闻出版企业，报纸与媒体经营板块包括5家企业，发行板块包括7家企业，另外还有1家印刷公司和1家印刷物资销售公司。中南传媒集中了湖南新闻出版集团主要的核心资产。[3]中南传媒目前的组织架构如图3-4所示。

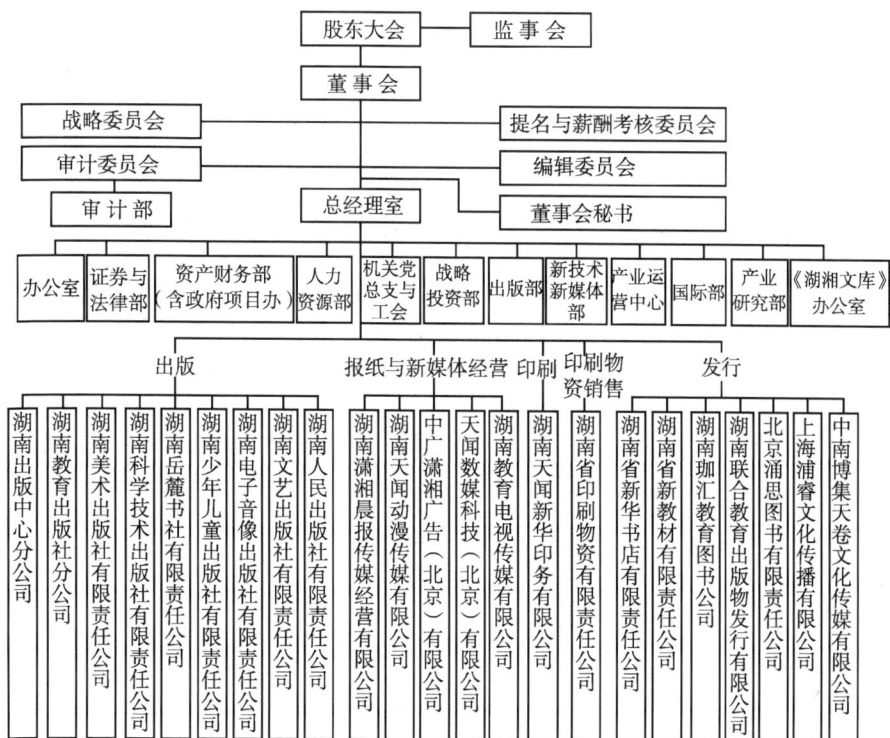

图3-4　中南传媒组织结构图

资料来源：中南出版传媒（集团）股份有限公司官网。

（3）四川文轩——香港H股

2000年，原四川省新华书店、四川省外文书店、四川省出版对外贸易公司三家单位率先整合，组建了四川新华发行集团有限公司，即新华文轩出版传媒股份有限公司母公司。2002年，集团第一家以"文轩"为品牌的连锁书店在四川省雅安市建成。2003年，四川新华发行集团整合全省新华书店资源进行整体转企改制，并按照现代企业制度的要求构建自主经营、自负盈亏的国有文化企业集团。2005年，四川新华发行集团作为主发起人，与多家新闻出版产业集团跨地域、跨行业资本联合，组建了全国出版发行业第一家按照上市公司标准组建的股份有限公司——四川新华文轩连锁股份有限公司。

2005年12月，新华文轩召开股东会，正式提出海外上市的融资战略，并获得中宣部和新闻出版总署批准，2006年4月正式启动上市工作。其间经历了选聘中介机构、尽职调查、材料准备、申报审核、发行推介（路演）、挂牌交易几个阶段，主要工作有：①根据资本市场状况、企业基本情况设计、确定上市方案；②根据香港地区《上市规则》和《公司条例》等法规的要求，进一步修正、完善公司治理结构和经营管理制度，以达到上市基本条件；③进一步明确企业发展的战略路径，明确募集资金投向，梳理出对海外投资者具有吸引力的投资亮点；④在中介机构帮助下完成申报、问答，提交聆讯材料；⑤进行国际路演。[4]

2007年5月30日，四川新华文轩连锁股份有限公司在香港联交所主板挂牌上市，发行40 176.1万股，发行价格每股5.8港元，共募集资金23.3亿港元，成为国内首家在香港上市的出版发行企业。

2010年，四川15家出版单位进入文轩，实现了四川出版发行资源重组，成为中国首个以市场化手段完成本省国有出版发行主要业务资源整合的案例。此后，公司更名为"新华文轩出版传媒股份有限公司"。[5]

新华文轩目前的组织架构如图3-5所示。

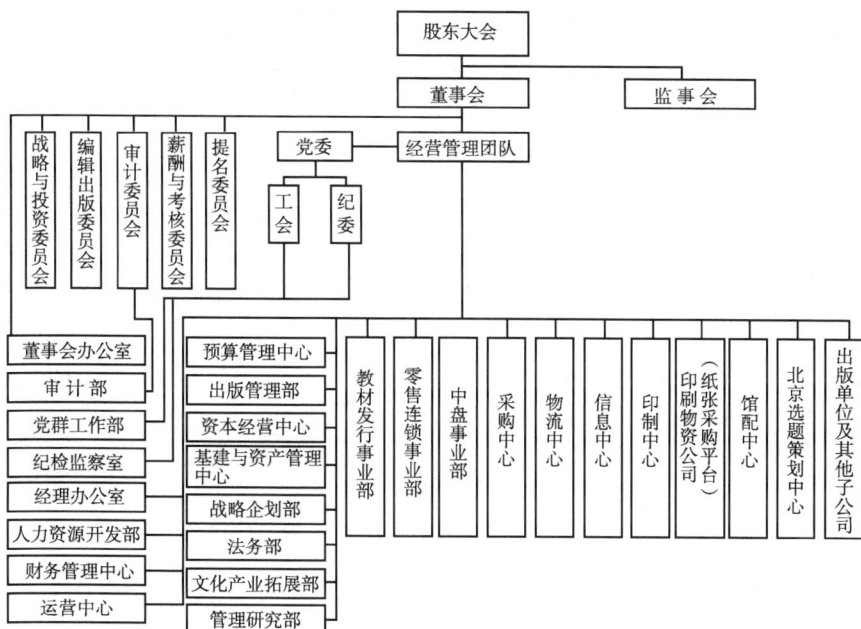

图3-5 新华文轩组织架构图

资料来源：新华文轩股份有限公司官网。

中国企业集团内的上市公司，基本上都是剥离集团的一部分甚至所有优良资产而组建的，母子公司势必存在着"藕断丝连"的关系。在这种关系下，母公司占用甚至掏空上市公司资金、母子公司关联交易等现象很难避免。

集团整体上市则有助于理顺集团公司与子公司之间较为复杂的股权关系，完善集团整体治理结构，减少关联交易，降低信息披露成本。集团整体上市，可以在一定程度上改变中国企业资金匮乏的状况，充分利用资本市场的扶优助强作用，发展壮大具有强大示范带动作用的"旗舰型"现代企业集团，有助于打造一个更加广阔的融资平台，从而在国际间的企业竞争中争取主动地位。[6]

3.1.1.2 分拆上市

分拆上市有广义和狭义之分。广义的分拆包括已上市公司或者未上市公司将部分业务从母公司独立出来单独上市；狭义的分拆指的是已上市公司将其部分业务或者某个子公司独立出来，另行公开招股上市。分拆上市后，原母公司的股东虽然在持股比例和绝对持股数量上没有任何变化，但是可以按照持股比例享有被投资企业的净利润分成，而且最为重要的是，子公司分拆上市成功后，母公司将获得超额的投资收益。[7]

由于中国传媒产业意识形态的惯性，中国传媒企业的主管部门通常对资本渗入传媒产业特别是新闻领域保持高度的警惕。这对于想在国内直接上市的传媒企业来说，无疑是一道难题，因此相当多的传媒企业都选择了IPO中的"部分分拆上市"模式来跨过这道政策门槛。中国出版集团适应出版业改革发展的需要，经中共中央、国务院批准，于2002年4月9日成立国家级出版机构。2004年3月25日，国务院授权成立中国出版集团公司，在国家相应计划中单列，对原中国出版集团所属成员单位行使出资人权利，承担国有资产保值增值责任。2011年12月28日，中国出版传媒股份有限公司成立。中国出版集团公司以出版物生产和销售为主业，是集纸质出版、数字出版、版权贸易、图书进出口贸易、印刷复制、信息服务、艺术品经营、科技开发、金融投资于一体的专业化、大型出版集团。集团公司拥有各级子公司、控股公司等法人企业96家，拥有各级各类出版机构40家，每年出版图书和音像、电子、网络等出版物1万余种，出版期刊、报纸50余种，出版物在全国零售市场占有率为7%左右，持续位居全国第一；每年从事书刊版权贸易1 000多种，拥有中国最大的出版物进出口企业，每年进出口各类出版物20多万种，书报刊进口和出口分别占据全国市场份额的62%和30%；拥有海外出版社、连锁书店和办事机构28家，海外业务遍及130多个国家和地区。[8]

中国出版集团公司

中国出版传媒股份有限公司

- 人民文学出版社有限公司
- 商务印书馆有限公司
- 中华书局有限公司
- 中国大百科全书出版社有限公司
- 中国美术出版总社有限公司
- 人民音乐出版社有限公司
- 生活.读书.新知三联书店有限公司
- 中国对外翻译出版有限公司
- 东方出版中心有限公司
- 现代教育出版社有限公司
- 中国出版传媒商报社
- 中国民主法制出版社有限公司
- 华文出版社有限公司
- 世界图书出版有限公司
- 现代出版社有限公司
- 天天出版社有限公司
- 北京中新联科技股份有限公司
- 北京中版联印刷物资有限公司
- 中版集团数字传媒有限公司
- 中版教材有限公司
- 新华联合发行有限公司
- 中版国际传媒有限公司

- 中国图书进出口(集团)总公司
- 荣宝斋
- 新华书店总店
- 中版(北京)科贸有限公司
- 中版数字设备有限公司
- 北中版置业有限公司

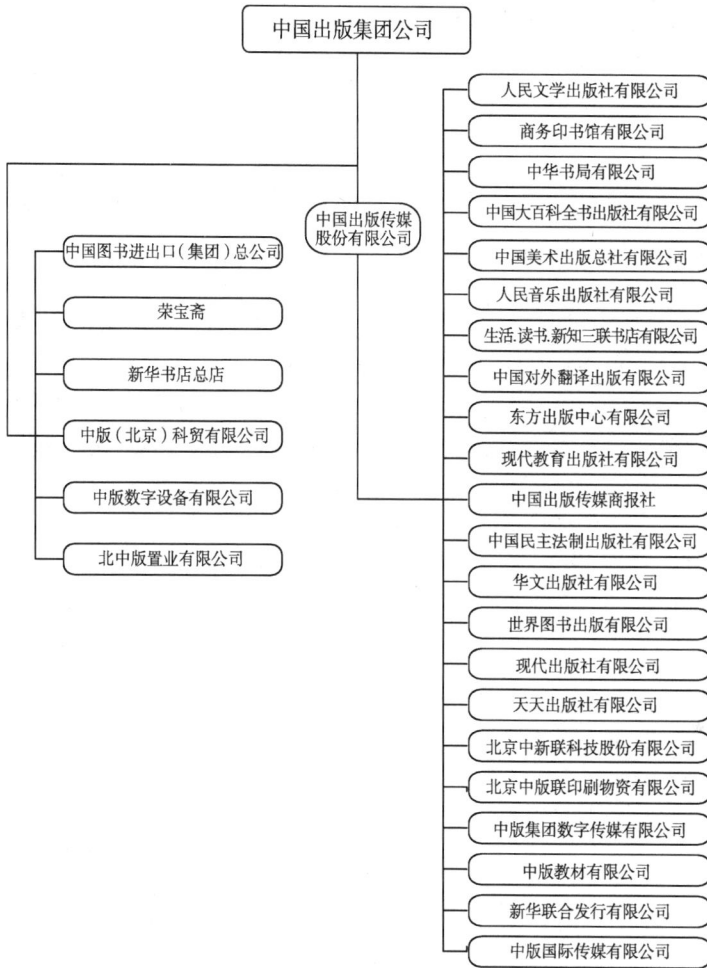

图3-6　中国出版集团组织架构图

资料来源：中国出版集团官网。

　　改制后的中国出版集团公司是选择整体上市还是分拆上市，引人关注。《每日新闻》曾报道其组建的股份公司包括人民文学出版社、商务印书馆、中华书局等12家主要出版企业将整体打包上市，成为未来集团公司进行资本运作的主渠道，而集团旗下的荣宝斋将分拆单独筹备上市，认为其原因是中国出版集团公司的品牌比较多，有些品牌本身就具有很好的号召力。[9]

3.1.2 "借壳上市"融资

与一般企业相比，上市公司最大的优势是能在证券市场上大规模筹集资金，以此促进公司规模的快速增长。因此，上市公司的上市资格已成为一种"稀有资源"，这种上市资格被称为"壳"。由于有些上市公司机制转换不彻底，不善于经营管理，其业绩表现不尽如人意，因此丧失了在证券市场进一步筹集资金的能力。要充分利用上市公司的这个"壳"资源，就必须对其进行资产重组，借壳上市就是更充分地利用上市资源的一种资产重组形式。[10]所谓"借壳上市"，就是新闻出版企业通过其下属子公司购买市值较低的已上市公司的股票，获取该公司控股权，然后将其经营性优质资产或者业务注入上市公司，从而无须直接通过IPO而获得上市资格的一种上市方式。在目前的政策环境及市场氛围下，大多数新闻出版企业选择了国内的借壳上市这条上市通道。如上海新华发行集团、安徽出版集团、江西省出版集团公司、江苏凤凰出版传媒集团有限公司、湖北长江出版传媒集团、中原出版传媒投资控股集团、成都博瑞传播、浙江传播集团等新闻出版企业。

2006年9月，上海新华发行集团有限公司受让华联超市股份有限公司股份118 345 834股（占总股本的45.06%），成为公司第一大股东。经过资产置换，公司主营业务由原来的经营连锁超市业务变更为经营文化传媒业务，公司名称变更为"上海新华传媒股份有限公司"。2008年1月，公司完成定向增发，解放日报报业集团、上海中润广告有限公司分别以其传媒类经营资产认购公司124 367 268股股份。定向增发后，新华传媒在以图书发行业务为主业的基础上，增加报刊经营、报刊发行、报刊广告代理等业务，打造了完整的平面媒体经营产业链，进一步提高了新华传媒在平面媒体经营领域的竞争实力，实现了在平面媒体经营领域的发展战略。

新华传媒目前已形成图书发行、报刊经营、广告代理、电子商务及传媒投资等业务板块。其中，公司所属的新华连锁是上海地区惟一使用"新华书店"集体商标的企业，在全市拥有大型书城、中小型新华书店门市等大、中、小不同类型的直营网点近150家，拥有中小学教材的发行权，图书零售总量占上海零售总量的65%以上；公司拥有《新闻晚报》《申江服务导报》《房地产时报》《人才市场报》《I时代报》以及《上海学生英文报》等多家知名报刊的独家经营权；公司下属的上海中润解放传媒有限公司是《解放日报》《新闻晨报》《申江服务导报》等报刊的广告总代理商，在业界被誉为"媒体品牌管家"。[11]

目前上海新华传媒股份有限公司的组织结构如图3-7所示。

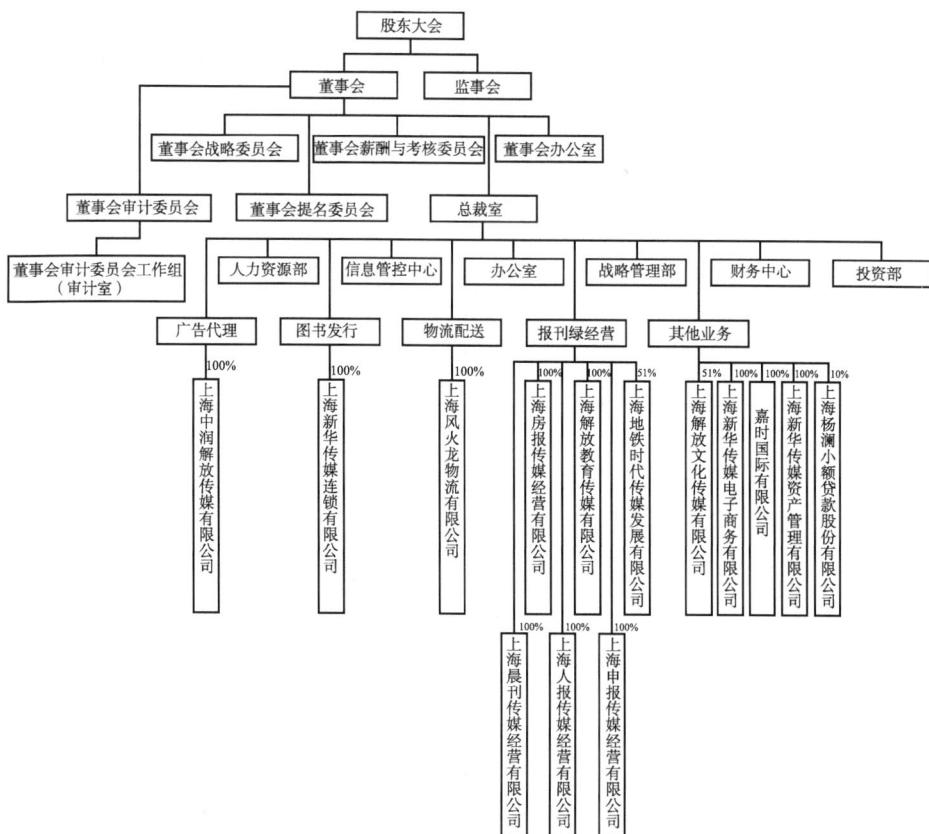

图3-7　上海新华传媒股份有限公司组织结构图

资料来源：上海新华传媒股份有限公司官网。

3.1.3 上市地点的比较与选择

近年来，新闻出版行业中出版、发行、印刷领域中已有32家公司上市融资，以2013年12月31日收盘价计算，这32家出版发行和印刷上市公司股市流通市值合计1 740.88亿元人民币。这些公司中，除在大陆的上海证券交易所及深圳证券交易所上市外，还有些选择了香港联交所及美国纳斯达克作为自己的上市地点，具体见表3-2。

表3-2　部分新闻出版上市公司上市地点及基本情况

序号	上市公司	股票简称	上市地点
1	北青传媒股份有限公司	北青传媒	香港联交所
2	现代传播控股有限公司	现代传播	香港联交所
3	财讯传媒集团有限公司	财讯传媒	香港联交所
4	四川新华文轩出版传媒股份有限公司	新华文轩	香港联交所
5	中国当当网公司	当当	美国NASDAQ
6	北人印刷机械股份有限公司	北人印刷	香港联交所

不同市场，股票上市所需时间不同，中国A股市场大约需3年时间，香港市场需6—8个月，美国NASDAQ市场需4—8个月。上市地点选择过程中应该充分考虑企业融资成本、融资收益及企业发展战略三个方面的关系。全球各个国家的不同交易所在发展中也采取了差异化、专业化的策略，这意味着不同的交易所中集聚的投资者不同，深层次上则反映了投资者的风险偏好、行业选择等的不同，应根据企业所属行业、企业筹资的风险程度等，选择上市地点。同时，上市地点的选择直接关系到企业融资的费用和成本，进而影响整个上市活动的成败。任何对上市抱有希望的企业，尤其是想在海外上市的企业，更不能盲目追求，否则会让企业渴望通过上市融资、扩充资金实力的梦想落空。[12]

（1）不同交易市场上市标准比较

从表3-3中可以看出，中国A股市场、香港主板和创业板市场、美国NAS-DAQ市场上市标准不同，具体体现在净资产、营业收入、净利润、总股本、最低市值、售股量及分配等方面。为降低融资风险，企业需认真评估自己财务、运营等各方面的条件，审慎挑选与自身条件与要求相匹配的证券交易所。

表3-3　中国A股市场、香港主板和创业板市场、美国NASDAQ市场上市标准[13]

项目	中国A股			美国NAS-DAQ	中国香港	
	主板、中小板	创业板			主板	创业板
		标准一	标准二			
净资产	无相关规定	发行前净资产不低于2000万元		500万美元或市值达3000万美元以上，或净收入达75万美元以上。满足三个条件之一	无相关规定	无相关规定
营业收入	最近三年营业收入累计超过3亿元，或最近三年经营现金流量净额累计超过5000万元	不设标准	最近一年营业收入不少于5000万元，最近两年营业收入增长率不低于30%	无要求	无相关规定	无相关规定

项目	中国A股			美国NAS-DAQ	中国香港	
	主板、中小板	创业板			主板	创业板
		标准一	标准二			
净利润	最近三年净利润为正且累计超过3000万元	最近两年连续盈利，最近两年净利润累计不少于1000万元，且持续增长	不少于500万元	无利润要求，但要求经营一年以上或上市证券市值达5000万美元	需具备三年的营业记录，发行人最近三年主要业务和管理层无重大变化。近三年盈利合计5000万港元(最近一年需达2000万港元，前两年盈利合计需达3000万港元)；或上市时市值至少为20亿港元，经审计的最近一个年度的净利润至少为5亿港元(三者之一)	无盈利要求，但需有两年业务活跃记录，并一直积极开展一个主营业务
总股本	发行前股本不少于3000万股，发行后总股本不低于5000万股	发行后总股本不低于3000万股	无股本要求		无相关规定	无相关规定
最低市值	无要求	无要求		无要求	预期公开发行部分市值不低于5000万港元	无具体规定，但实际上在上市时不得少于4600万港元
售股量及其分配	向社会公开发行的股份达到公司总股本的25%以上；公司股本总额超过人民币4亿元的，向社会公开发行的股份比例为10%以上	向社会公开发行的股份达公司总股本25%以上		流通股市值500万美元，发行时最低股价4美元	占公司已发行股本数25%以上或5000万港元，两者取较高者(若市值超过100亿港元，联交所可接受15—25%之间的较低百分比)	市值不超过40亿港元，最低为25%，但不得少于3000万港元；市值超过40亿港元，最低为20%，或公众持股市值达10亿港元

资料来源：上海证券交易所、深圳证券交易所、香港联合证券交易所和美国NASDAQ交易所。

（2）不同资本市场平均发行及维持成本比较

企业上市发行成本庞杂，具体包括上市初费、承销费、保荐人费、法律顾问费、会计师费等。在资本市场间，企业上市的发行成本差异很大，表1-1为中国企业在A股市场、香港主板及创业板、纽交所、纳斯达克、英国AIM市场各项费用的费用估值。从表3-4中可以看出企业上市发行费用高，需认真对待。

表3-4　中国企业在不同的市场平均发行成本比较

费用类型	中小企业版、创业板	香港主板	香港创业板	纽交所	纳斯达克	英国AIM市场
上市初费	3万元	15–65万港元	10–20万港元	400万人民币	10–40万人民币	20万人民币
承销费（筹资额的比例）	1.5–3%	2.5–4%	4–5%	8%	6–8%	3–5%
保荐人费	200万元	200–400万港元	100–200万港元	1500万人民币	1000万人民币	500万人民币
法律顾问费	50–100万元	100–250万港元	100万港元	300万人民币	300万人民币	300万人民币
会计师费	100万元	150–250万港元	70–150万港元	400万人民币	400万人民币	350–400万人民币
总成本占筹资额的比例	4–8%	15–20%	10–20%	15–25%	15–25%	15–20%

资料来源：邢会强，抢滩资本3，中国法制出版社，2012年9月。

除发行费用外，中国企业在大陆A股市场、香港主板及创业板、纽交所、纳斯达克等市场的维持成本也是一个不可忽视的部分，具体见表3-5。从成本效益的角度来看，维持成本也应成为企业上市地点选择的一个重要影响因素。

表3-5　中国企业在不同市场的平均维持成本分析（可预测部分）

可预测费用	中小企业板、创业板	香港主板	香港创业板	纽交所	纳斯达克	英国AIM市场
上市月/年费	0.6-3万/年	14-119万港元/年	10-20万港元/年	400万人民币/年	28-400万人民币/年	5-7万元/年
保荐人顾问费	双方协商	20万港元	30万港元	800万人民币	800万人民币	100-150万元
法律顾问费	10万元	60-100万港元	40-100万港元	200万人民币	200万人民币	100-150万元
会计师费	30-40万元	100万港元	60-100万港元	150万人民币	150万人民币	150万人民币
信息披露费用（含印刷、上网）	12万元	30-50万港元	30-50万港元	50-100万人民币	50-100万人民币	50-100万人民币
总计	60-100万元人民币	224-389万港元	130-300万港元	约1600万元	约1230-1600万人民币	约400-600万元

资料来源：邢会强，抢滩资本3，中国法制出版社，2012年9月。

3.2 我国新闻出版企业的信贷融资

　　银行贷款是指企业为了生产经营的需要，向银行按照规定利率和期限贷款的一种借款方式。银行贷款在企业融资中占据重要地位，这是由我国资本市场乃至整个金融体系发展程度所决定的。商业银行的业务性质决定了银行贷款以风险控制为首要原则。银行业包括国有银行，在股份制改造及上市后，出于成本效益的考虑，对于贷款风险的控制严格。国有大型新闻出版集团等因信誉卓著、资产质量及现金流状况良好，比较容易获得信贷资金支持。但是对于其他轻资产的文化企业而言，融资难现象确实存在。文化产业的产业性质决定了文化企业缺少抵押物，银行贷款意愿不强。为提高对文化企业的支持力度，同时又能有效控制贷款风险，商业银行进行了一系列创新。2005年，深圳发展银行通过中国出口信用保险公司的保险服务，对华谊兄弟的《夜宴》提供担保贷款5 000万元人民币。而2006年招商银行为华谊兄弟提供5 000万元无抵押贷款，则是一次较为典型的文化产业信贷融资。这些试探成功后，2008年6月，北京银行以版权质押的方式向华谊兄弟提供了1亿元电视剧打包贷款，2009年又提供1.2亿元电影打包贷款。2009年3月，工商银行北京分行向华谊兄弟影视公司出品的四部电影提供打包贷款1.2亿元。具体见表3-6。

表3-6 部分银行对文化产业的信贷情况

时间	公司	影视版权	贷款银行	贷款金额	备注
2006年	华谊兄弟	《集结号》	招商银行	5000万	无担保贷款
2005年	华谊兄弟	《夜宴》	深圳发展银行	5000万	担保贷款
2006年	华谊兄弟	《功夫之王》	深圳发展银行	6500万	担保贷款
2008年	北京新画面影业有限公司	《满城尽带黄金甲》	渣打银行	1000万美元	担保贷款
2008年	北京天星际影视文化传播有限公司	《宝莲灯前传》	交通银行	600万	版权抵押

资料来源：根据2008年人民银行"金融支持文化创意产业"座谈会整理。

2010年4月，由中宣部、中国人民银行等九部委联合颁布的《关于金融支持文化产业振兴和发展繁荣的指导意见》中，更是提出要"积极开发适合文化产业发展特点的信贷产品，加大有效的信贷投放"，关于新闻出版业文件提出：

①推动多元化、多层次的信贷产品开发和创新。对于处于成熟期、经营模式稳定、经济效益较好的文化企业，要优先给予信贷支持；积极开展对上下游企业的供应链融资，支持企业开展并购融资，促进产业链整合。对于具有稳定物流和现金流的企业，可发放应收账款质押、仓单质押贷款。对于出版内容的采集、加工、制作、存储和出版物物流、印刷复制，可发放融资租赁贷款；建

立文化企业无形资产评估体系，为金融机构处置文化类无形资产提供保障。对于具有优质商标权、专利权、著作权的企业，可通过权利质押贷款等方式，逐步扩大收益权质押贷款的适用范围。

②积极探索适合文化产业项目的多种贷款模式。对于融资规模较大、项目较多的文化企业，鼓励商业银行以银团贷款等方式提供金融支持。探索和完善银团贷款的风险分担机制，加强金融机构之间的合作，有效降低单个金融机构的信贷风险。对处于产业集群或产业链中的中小文化企业，鼓励商业银行通过联保联贷等方式提供金融支持。

为落实文件精神，银行业对于文化产业信贷支持的积极性和力度进一步加大，如表3-7所示。

表3-7　2009—2012年商业银行对文化产业的信贷支持

银行	时间	授信额度	授信主体	授信内容
中国银行	2009年	—	文化部	中国银行将为各类文化企业及文化产业的重大项目提供多元化金融服务
民生银行	2009年	1亿	中国电视剧导演工作委员会	郑晓龙、张国立、李少红等23位导演每人获得授信额度基本为500万元，用于导演本人或其公司投资制作电视剧
建设银行	2010年	100亿	广东省国有经营性文化资产监督管理办公室	为前景广阔的文化企业开辟专门的货款渠道，为重点、先导性企业提供一定的贴息支持
光大银行		80亿		
民生银行		30亿		
工商银行	2010年	每年100亿	北京市文化创意产业促进中心	北京歌华有线电视网络股份有限公司、中国出版集团公司签署意向性授信协议，金额各20亿；与中国对外文化集团公司、中关村科技园区雍和园签署意向性授信协议，协议金额各10亿元
北京银行	2010年	100亿	北京市文化局	在未来三年内向动漫、网游、文艺演出等文化创意企业提供100亿元专项授信额度

续表

银行	时间	授信额度	授信主体	授信内容
北京银行	2010年	100亿	北京市广播电影电视局	在未来3年内提供专项授信额度100亿，首笔15000万贷款给北京此文影视制作有限公司，支持张纪中执导的大型电视剧《西游记》
交通银行	2012年	500亿	新闻出版产业	新闻出版总署和交通银行在京签署《支持新闻出版业发展战略合作协议》，根据协议，交行将在未来3年内为我国新闻出版产业的发展提供500亿元的意向性融资支持
工商银行	2011年	—	新闻出版产业	中国工商银行将根据新闻出版产业的发展战略，为新闻出版行业的发展提供包括融资、投资银行、财务顾问、现金管理、企业年金等在内的全方位金融服务
农业银行	2010年	500亿	新闻出版产业	根据协议，农业银行将在未来3年内，对新闻出版行业发展提供总额不低于500亿元的意向性信用额度

资料来源：根据文化部、商业银行等网站公布的相关信息整理。

3.3 我国新闻出版企业的债券融资

中共中央宣传部、中国人民银行、财政部等九部门《关于金融支持文化产业振兴和发展繁荣的指导意见》中，对于通过债券市场融资支持文化企业发展进行了详细阐述。文件提出："支持符合条件的文化企业通过发行企业债、集合债和公司债等方式融资。积极发挥中债信用增进投资股份有限公司等专业机构的作用，为中小文化企业通过发行短期融资券、中期票据、集合票据等方式融资提供便利。对符合国家政策规定的中小文化企业发行直接债务融资工具的，鼓励中介机构适当降低收费，减轻文化企业的融资成本负担。对于运作比较成熟、未来现金流比较稳定的文化产业项目，可以以优质文化资产的未来现金流、收益权等为基础，探索开展文化产业项目的资产证券化试点。"

总体而言，相对于其他外部融资，债券融资的成本较低。在发达国家资本市场中，债券融资占有极为重要的地位；其市场规模超过股权市场，是企业重要的直接融资渠道，为企业的生产经营、并购重组等提供了重要的支撑和保障。在我国，由于政策体制及观念等种种限制，我国企业的债券融资渠道不畅，债券市场发育迟缓，与实体经济的需求极不相称，只有大型的新闻出版企业才有运用这种方式融资的可能性。

2008年，江西出版集团发行了第一只新闻出版业短期融资券。2008年1月22日发布的《江西省出版集团公司2008年度第一期短期融资券募集说明书》（以下简称《说明书》）称，将于2008年1月25日在银行间债市簿记建档发行4亿元人民币短期融资券，期限1年。《说明书》显示，该期券将按面值发行，招商银行为主承销商。经中诚信国际评级有限责任公司评定短期信用评级为A-1级。经中诚信国际评级有限责任公司评定公司主体信用评级为AA-级。本期融资券无担保。关于募集资金用途，《说明书》中写道："本次融资券募集资金的用途主要是用于补充公司流动资金，改善资产负债结构，降低财务成本。"

在江西出版集团2008年成功发行短期融资券后，2009年凤凰出版传媒集团发行了两期中期票据；2010年后，安徽出版集团、河北出版集团、上海新华传媒、上海世纪出版集团等迅速跟进，纷纷在银行间市场发行债券。具体见表3-8。

表3-8 新闻出版企业债券发行情况表

序号	证券代码	证券简称	发行起始日期	债务主体	最终票面利率(%)	实际发行总额(亿元)
1	0982164.IB	09凤传媒MTN2	2009/12/11	江苏凤凰出版传媒集团有限公司	5.4000	10.0000
2	1082060.IB	10皖出版MTN1	2010/03/30	安徽出版集团有限责任公司	4.2500	6.0000
3	1182109.IB	11皖出版MTN1	2011/03/30	安徽出版集团有限责任公司	5.9000	4.0000
4	1182200.IB	11皖新华MTN1	2011/07/13	安徽新华发行(集团)控股有限公司	5.9000	3.7000
5	1182201.IB	11皖新华MTN2	2011/07/13	安徽新华发行(集团)控股有限公司	6.3400	6.3000
6	1182231.IB	11渝文资MTN1	2011/08/25	重庆市国有文化资产经营管理有限责任公司	6.3600	6.0000
7	1182322.IB	11冀出版MTN1	2011/11/15	河北出版传媒集团有限责任公司	6.5500	5.0000
8	1182361.IB	11凤传媒MTN1	2011/11/29	江苏凤凰出版传媒集团有限公司	5.7800	10.0000
9	1282007.IB	12渝文资MTN1	2012/01/10	重庆市国有文化资产经营管理有限责任公司	5.7100	4.0000
10	1282042.IB	12原传媒MTN1	2012/02/28	中原出版传媒投资控股集团有限公司	6.1800	3.0000
11	1282063.IB	12渝文资MTN2	2012/03/14	重庆市国有文化资产经营管理有限责任公司	5.5400	4.0000
12	1282183.IB	12南报MTN1	2012/05/30	广东南方报业传媒集团有限公司	5.0500	3.5000
13	1282188.IB	12大众报MTN1	2012/06/05	山东大众报业(集团)有限公司	5.0600	5.0000

续表

序号	证券代码	证券简称	发行起始日期	债务主体	最终票面利率（%）	实际发行总额（亿元）
14	1282283.IB	12 新传媒 MTN1	2012/08/08	上海新华传媒股份有限公司	5.0700	5.0000
15	1282466.IB	12 冀出版 MTN1	2012/11/13	河北出版传媒集团有限责任公司	6.0800	5.0000
16	1282477.IB	12 渝文资 MTN3	2012/11/19	重庆市国有文化资产经营管理有限责任公司	5.5400	5.8000
17	1280412.IB	12 渝出版债	2012/11/23	重庆出版集团公司	—	4.0000
18	124113.SH	12 渝出版	2012/11/23	重庆出版集团公司	—	4.0000
19	1382126.IB	13 新传媒 MTN1	2013/03/25	上海新华传媒股份有限公司	5.1800	4.0000
20	1382150.IB	13 华传媒 MTN1	2013/04/09	华闻传媒投资集团股份有限公司	5.0000	7.0000
21	1382192.IB	13 凤传媒 MTN1	2013/04/19	江苏凤凰出版传媒集团有限公司	4.9800	20.0000
22	118089.SZ	12 精彩债	2013/04/25	北京精彩无限音像有限公司		1.0000
23	1382223.IB	13 渝文资 MTN1	2013/05/09	重庆市国有文化资产经营管理有限责任公司	5.1100	2.2000
24	101359001.IB	13 世纪出版 MTN001	2013/07/16	上海世纪出版集团	5.1000	5.0000
25	101361004.IB	13 冀出版 MTN001	2013/07/17	河北出版传媒集团有限责任公司	5.5800	3.0000
26	031390261.IB	13 沪新华 PPN001	2013/08/15	上海新华发行集团有限公司	—	6.0000
27	041471002.IB	14 凤传媒 CP001	2014/03/13	江苏凤凰出版传媒集团有限公司	5.3900	15.0000

续表

序号	证券代码	证券简称	发行起始日期	债务主体	最终票面利率（%）	实际发行总额（亿元）
28	031490352.IB	14渝文资PPN001	2014/05/12	重庆市国有文化资产经营管理有限责任公司	7.0000	5.0000
29	041459036.IB	14辽日报CP001	2014/05/16	辽宁日报传媒集团有限公司	6.8000	1.8000
30	011494001.IB	14凤传媒SCP001	2014/05/22	江苏凤凰出版传媒集团有限公司	5.2000	15.0000
31	041456026.IB	14渝文资CP001	2014/05/23	重庆市国有文化资产经营管理有限责任公司	5.4400	5.0000
32	031490426.IB	14渝文资PPN002	2014/05/27	重庆市国有文化资产经营管理有限责任公司	—	1.0000
33	101456048.IB	14皖广电MTN001	2014/07/22	安徽广电传媒产业集团有限责任公司	6.4400	4.0000
34	101469014.IB	14南京报业MTN001	2014/07/22	南京报业集团有限责任公司	6.9000	1.0000
35	101461022.IB	14华闻传媒MTN001	2014/07/23	华闻传媒投资集团股份有限公司	5.8900	7.0000
36	031490730.IB	14渝文资PPN003	2014/08/20	重庆市国有文化资产经营管理有限责任公司	—	3.0000
37	101456062.IB	14皖新华MTN001	2014/09/10	安徽新华发行(集团)控股有限公司	5.8000	10.0000
38	101469023.IB	14凤传媒MTN001	2014/10/22	江苏凤凰出版传媒集团有限公司	4.7000	10.0000
39	041454068.IB	14南报CP001	2014/10/22	广东南方报业传媒集团有限公司	4.5500	2.7000
合计						223.0000

数据来源：Wind资讯。

经过几年的发展，目前中国新闻出版企业对于债券这种重要融资渠道的运用也越发灵活、成熟。在债券发行过程中，对发债的时机和融资的期限进行了多元化的组合。从表3-9至表3-14中可以看到，新闻企业发行的债券门类比较齐全，从超短融（SCP）、短期融资券（CP）到中期票据（MTN）、非公开定向发行债务融资工具（PPN）、中小企业私募债券、公司债券等都有所涉及。就特定的公司来看，也根据企业的发展和公司资金需求特点进行了灵活的选择和组合。如江西出版集团于2008年1月28日发行了1年期4亿元人民币的短期融资券（CP），于2011年8月24日发行了3年期5亿元人民币的中期票据（MTN）；江苏凤凰出版传媒集团于2009年12月11日发行了3年期10亿元人民币的中期票据（MTN），于2009年12月15日发行了5年期10亿元人民币的中期票据（MTN），于2011年12月1日发行了3年期10亿元人民币的中期票据（MTN），于2010年3月31日发行了1年期5亿元人民币的短期融资券（CP），2011年8月12日发行了1年期5亿元人民币的短期融资券（CP）。这些组合有效优化了企业的资本结构，降低了企业的综合资本成本。

表3-9　新闻出版企业中期票据（MTN）发行情况

序号	证券代码	证券简称	债务主体	发行额（亿元）	发行起始日期
1	0982164.IB	09凤传媒MTN2	江苏凤凰出版传媒集团有限公司	10.0000	2009/12/11
2	1082060.IB	10皖出版MTN1	安徽出版集团有限责任公司	6.0000	2010/03/30
3	1182109.IB	11皖出版MTN1	安徽出版集团有限责任公司	4.0000	2011/03/30
4	1182200.IB	11皖新华MTN1	安徽新华发行(集团)控股有限公司	3.7000	2011/07/13

续表

序号	证券代码	证券简称	债务主体	发行额（亿元）	发行起始日期
5	1182201.IB	11皖新华MTN2	安徽新华发行(集团)控股有限公司	6.3000	2011/07/13
6	1182231.IB	11渝文资MTN1	重庆市国有文化资产经营管理有限责任公司	6.0000	2011/08/25
7	1182322.IB	11冀出版MTN1	河北出版传媒集团有限责任公司	5.0000	2011/11/15
8	1182361.IB	11凤传媒MTN1	江苏凤凰出版传媒集团有限公司	10.0000	2011/11/29
9	1282007.IB	12渝文资MTN1	重庆市国有文化资产经营管理有限责任公司	4.0000	2012/01/10
10	1282042.IB	12原传媒MTN1	中原出版传媒投资控股集团有限公司	3.0000	2012/02/28
11	1282063.IB	12渝文资MTN2	重庆市国有文化资产经营管理有限责任公司	4.0000	2012/03/14
12	1282183.IB	12南报MTN1	广东南方报业传媒集团有限公司	3.5000	2012/05/30
13	1282188.IB	12大众报MTN1	山东大众报业(集团)有限公司	5.0000	2012/06/05
14	1282283.IB	12新传媒MTN1	上海新华传媒股份有限公司	5.0000	2012/08/08
15	1282466.IB	12冀出版MTN1	河北出版传媒集团有限责任公司	5.0000	2012/11/13
16	1282477.IB	12渝文资MTN3	重庆市国有文化资产经营管理有限责任公司	5.8000	2012/11/19
17	1382126.IB	13新传媒MTN1	上海新华传媒股份有限公司	4.0000	2013/03/25
18	1382150.IB	13华传媒MTN1	华闻传媒投资集团股份有限公司	7.0000	2013/04/09
19	1382192.IB	13凤传媒MTN1	江苏凤凰出版传媒集团有限公司	20.0000	2013/04/19

续表

序号	证券代码	证券简称	债务主体	发行额(亿元)	发行起始日期
20	1382223.IB	13渝文资MTN1	重庆市国有文化资产经营管理有限责任公司	2.2000	2013/05/09
21	101359001.IB	13世纪出版MTN001	上海世纪出版集团	5.0000	2013/07/16
22	101361004.IB	13冀出版MTN001	河北出版传媒集团有限责任公司	3.0000	2013/07/17
23	101456048.IB	14皖广电MTN001	安徽广电传媒产业集团有限责任公司	4.0000	2014/07/22
24	101469014.IB	14南京报业MTN001	南京报业集团有限责任公司	1.0000	2014/07/22
25	101461022.IB	14华闻传媒MTN001	华闻传媒投资集团股份有限公司	7.0000	2014/07/23
26	101456062.IB	14皖新华MTN001	安徽新华发行(集团)控股有限公司	10.0000	2014/09/10
27	101469023.IB	14凤传媒MTN001	江苏凤凰出版传媒集团有限公司	10.0000	2014/10/22

数据来源：Wind资讯。

表3-10　新闻出版企业公司债券发行情况

序号	证券代码	证券简称	债务主体	发行额(亿元)	发行起始日期
1	1280412.IB	12渝出版债	重庆出版集团公司	4.0000	2012/11/23
2	124113.SH	12渝出版	重庆出版集团公司	4.0000	2012/11/23

数据来源：Wind资讯。

表3-11 新闻出版企业中小企业私募债券发行情况

序号	证券代码	证券简称	债务主体	发行额（亿元）	发行起始日期
1	118089.SZ	12精彩债	北京精彩无限音像有限公司	1.0000	2013/04/25

数据来源：Wind资讯。

表3-12 新闻出版企业非公开定向发行债务融资工具（PPN）发行情况

序号	证券代码	证券简称	债务主体	发行额（亿元）	发行起始日期
1	031390261.IB	13沪新华PPN001	上海新华发行集团有限公司	6.0000	2013/08/15
2	031490352.IB	14渝文资PPN001	重庆市国有文化资产经营管理有限责任公司	5.0000	2014/05/12
3	031490426.IB	14渝文资PPN002	重庆市国有文化资产经营管理有限责任公司	1.0000	2014/05/27
4	031490730.IB	14渝文资PPN003	重庆市国有文化资产经营管理有限责任公司	3.0000	2014/08/20

数据来源：Wind资讯。

表3-13 新闻出版企业短期融资券（CP）发行情况

序号	证券代码	证券简称	债务主体	发行额（亿元）	发行起始日期
1	041471002.IB	14凤传媒CP001	江苏凤凰出版传媒集团有限公司	15.0000	2014/03/13
2	041459036.IB	14辽日报CP001	辽宁日报传媒集团有限公司	1.8000	2014/05/16
3	041456026.IB	14渝文资CP001	重庆市国有文化资产经营管理有限责任公司	5.0000	2014/05/23
4	041454068.IB	14南报CP001	广东南方报业传媒集团有限公司	2.7000	2014/10/22

数据来源：Wind资讯。

表3-14　新闻出版企业超短融（SCP）发行情况

序号	证券代码	证券简称	债务主体	发行额(亿元)	发行起始日期
1	011494001.IB	14凤传媒SCP001	江苏凤凰出版传媒集团有限公司	15.0000	2014/05/22

数据来源：Wind资讯。

3.4 产业投资基金及风险投资

3.4.1 文化产业投资基金

2009年7月22日，国务院常务会议讨论并通过了《文化产业振兴规划》。《文化产业振兴规划》中提出："要加强金融支持，支持有条件的文化企业进入主板、创业板上市融资，鼓励已上市文化企业通过公开增发、定向增发等再融资方式进行并购和重组，迅速做大做强。支持符合条件的文化企业发行企业债券；大幅增加中央财政'扶持文化产业发展专项资金'和文化体制改革专项资金规模，不断加大对文化产业发展和文化体制改革的支持力度；设立中国文化产业投资基金，由中央财政注资引导，吸收国有骨干文化企业、大型国有企业和金融机构认购，由专门机构进行管理，实行市场化运作，通过股权投资等方式，推动资源重组和结构调整，促进国家文化发展战略目标的实现。"

我国文化产业投资基金在设立时充分借鉴了成熟资本市场产业投资基金的运作模式，由发起人定向募集，委托专业机构管理，主要采取股权投资方式解决文化企业文化融资问题。中国文化产业投资基金是其中比较有代表性的一支基金。中国文化产业投资基金由财政部、中银国际控股有限公司、中国国际电视总公司及深圳国际文化产业博览交易会有限公司等联合发起，总规模200亿元，首期募集41亿元。基金致力于助力国家文化发展战略的实施，提升文化软实力，切实维护国家文化安全，加快转变文化发展方式。基金已投资的新闻出版业项目主要有以下几种。[14]

①中国出版传媒股份有限公司：国家级大型出版发行机构，拥有包括人民文学出版社、中华书局、生活·读书·新知三联书店、商务印书馆等在内的多个知名品牌，在我国文化产业内具有重要的影响力。

②万方数据股份有限公司：中国数字出版和期刊数据库领军企业。

③山东出版传媒股份有限公司：中国规模最大的出版集团之一，连续多年入选"中国文化企业30强"。

④雅昌文化（集团）有限公司：全国领先的艺术服务公司，凭借独特的"传统印刷＋现代IT技术＋文化艺术"的商业模式，通过"为人民艺术服务"实现"艺术为人民服务"，多次获得国内外行业大奖。

⑤中国教育出版传媒股份有限公司：是中国最大的出版传媒企业之一，在教育出版领域拥有举足轻重的地位，旗下包括人民教育出版社（成立于1950年）、高等教育出版社（成立于1954年）、语文出版社（成立于1956年）、中国教学仪器设备有限公司（成立于1978年）和中国教育图书进出口有限公司（成立于1987年）五家一流教育出版及教育服务企业。

金融危机发生后，在我国调整产业结构、转变经济增长方式的战略思想引导下，文化产业的重要性凸显，《文化产业振兴规划》得以发布并实施。伴随着文化产业振兴规划，一大批文化产业投资基金迅速发展起来。截至2012年7月，全国共有文化产业投资基金135个，资金总规模超过1 795亿元。我国部分文化产业投资基金情况见表3-15。

表3-15　涉及新闻出版领域的我国主要文化产业投资基金情况

基金名称	成立时间	首期募资	募资规模	主要发起方及出资方	管理机构	基金投资方向	已投项目
江苏紫金文化产业发展基金	2011/2	10亿元	20亿元	江苏财政厅及其他社会融资机构	江苏高投紫金文化投资管理有限公司	投资江苏省文化创意、影视创作、出版发行、演艺娱乐、有线网络、数字内容和动漫产业	南京时代传媒股份有限公司、盐阜大众报业集团、江苏省浪淘沙影业有限公司、江苏省广播电视信息网络股份有限公司、苏州书香门第酒店管理有限公司、幸福蓝海影视集团
建银国际文化产业股权投资基金	2011/4	—	20亿元	建设银行、中国出版集团公司以及浙江宋城集团、七弦投资、江苏雨润集团以及湖北武汉工贸等	乾信文化投资管理有限公司	出版、电影、广播电视、网络游戏、动漫产业等受到"十二五"规划重点扶持、潜力巨大的文化创意产业	小马奔腾、星光科技、幸福蓝海
中国文化产业投资基金（有限合伙）	2011/7	60亿元	200亿元	财政部、中银国际控股有限公司、中国国际电视总公司和深圳国际文化产业博览交易会有限公司	中银国际	新闻出版发行、广播电视电影、文化艺术、网络文化、文化休闲及其他相关行业领域	视讯中国、浙江华数、厦门游家、骏梦游戏、开心麻花、新华网、中国出版集团、中国教育出版集团、法宝网、万方数据、欢瑞世纪影视传媒股份有限公司

基金名称	成立时间	首期募资	募资规模	主要发起方及出资方	管理机构	基金投资方向	已投项目
广东文化产业投资基金	2011/12	10~13亿元	50亿元	工商银行广东分行、南方报业传媒集团、南方广播影视传媒集团和工银国际投资管理有限公司	广东文化产业投资管理有限公司	80%的资金投向广东省内项目,80%的自今年投向文化产业,重点扶持文化企业的兼并重组、股改上市、重点园区和重大项目建设、文化新业态等	南方出版传媒股份有限公司、珠江影业传媒股份有限公司、广东南方影视传媒控股有限公司、广东省广播电视网络股份有限公司等
山东省文化产业投资基金	2012/5	4亿元	10亿元	财政专项资金和社会资本	鲁信投资控股集团	重点领域的文化企业文化项目	泰山传媒、世纪金榜、鲁信传媒、北京领航传媒等
福建海峡文化产业投资基金	2012/10	10亿元	30亿元	福建日报报业集团、海峡出版发行集团、福建投资开发集团、信达国际	福建海峡文化产业安全投资管理有限公司	新闻出版和发行、广播影视、文化艺术、文化科技、文化休闲、网络文化以及相关行业内符合条件的未上市企业	—
上海文化产业股权投资基金	2012/11	30亿元	100亿元	海通开元投资有限公司、上海东方传媒集团有限公司、上海新华传媒股份有限公司、上海强生集团有限公司等	海通创意资本管理有限公司	文化及相关产业,包括广播影视业、新闻出版业、数字内容产业、动漫产业、文化用品及设备产业等	—

资料来源:黄亮.我国文化产业投资基金研究,中国艺术研究院博士论文,2013。

3.4.2 风险投资

3.4.2.1 风险资本的进入

因涉及意识形态及话语权问题，国家对于出版环节一直有准入控制，规定出版环节必须由国有或国有控股出版社提供服务。2009年新闻出版总署印发的《关于进一步推进新闻出版体制改革的指导意见》中，对于这个问题有所突破。文件提出："将非公有出版工作室作为新闻出版产业的重要组成部分，积极探索非公有出版工作室参与出版的通道问题，开展国有民营联合运作的试点工作，为非公有出版工作室在图书策划、组稿、编辑等方面提供服务；鼓励国有出版企业在确保导向正确和国有资本主导地位的前提下，与非公有出版工作室进行资本、项目等多种方式的合作，为非公有出版工作室搭建发展平台。"该文件的发布在某种程度上解决了民营资本的出版资质问题，降低了非公资本进入出版环节的风险。

2010年3月19日，中共中央宣传部、中国人民银行、财政部等九部门联合发布的《关于金融支持文化产业振兴和发展繁荣的指导意见》中明确提出鼓励多元资金支持文化产业发展。文件提出，要"适当放宽准入条件，鼓励风险投资基金、私募股权基金等风险偏好型投资者积极进入处于初创阶段、市场前景广阔的新兴文化业态"。文件为风险资本等进入出版领域架设了桥梁。

2008年以后，已陆续有一批风险投资机构注资出版行业。投中集团关于2008—2012年国内出版行业的重大VC/PE融资案例统计数据见表3-16。[15]

表3-16 2008—2012年国内出版行业重大VC/PE融资案例

企业	主营业务	投资机构	金额
华商传媒	报刊杂志出版印刷等	大黎资产管理	5.63亿元
凤凰传媒	图书出版	弘毅投资	4.81亿元
武汉图书大世界	图书零售	建金投资	4.2亿元

续表

企业	主营业务	投资机构	金额
中南传媒	图书报刊等出版	湘投高创投 达晨创投 亚洲资产 华鸿资产	4.55亿元
新经典文化	图书出版	红杉中国	1.5亿元
磨铁图书	大众类图书发行	基石资本 鼎晖创投	1亿元
世纪金榜	教育图书策划出版发行	雄牛资本 复聚卿云	1亿元
安徽出版集团	图书音像出版发行	Spark Ventures	1 000万美元
磨铁图书	大众类图书发行	基石资本	5 000万元
中欧出版集团	商业图书出版	成为基金	500万美元

资料来源：CVSource，2013.03，www.ChinaVenture.com.cn

2008—2012年国内民营出版企业获VC/PE融资趋势见图3-8。

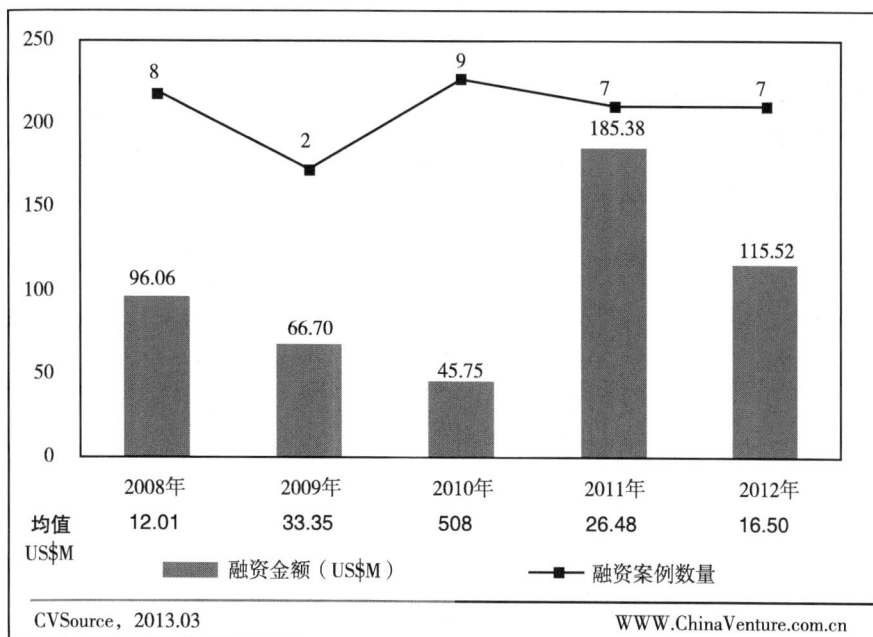

CVSource，2013.03　　　　　　　　　　　　　　　　WWW.ChinaVenture.com.cn

图3-8　2008—2012年国内民营出版企业获VC/PE融资趋势图[15]

3.4.2.2 风险资本的退出

作为一种逐利资本，风险资本从投入的第一天起就在努力寻求安全、快捷、以最大增值成功退出。在成熟的资本市场上，风险资本的退出主要有三条通道：上市、并购、风险企业回购。在新闻出版领域，天舟文化、凤凰传媒、中南传媒三家出版企业登陆资本市场为风险资本的成功退出提供了有效通道。其中凤凰传媒上市，使弘毅投资获得了 1.74 倍的账面退出回报，中南传媒登陆上海证券交易所出版市场，为达晨创投、华鸿资产、亚洲资产带来了 3.67 倍的回报。上述成功案例起到了标杆和引领作用。

3.5 国家政策性资金支持

中共中央宣传部、中国人民银行、财政部等九部门《关于金融支持文化产业振兴和发展繁荣的指导意见》中提出：中央和地方财政可通过文化产业发展专项资金等，对符合条件的文化企业，给予贷款贴息和保费补贴，支持设立文化产业投资基金，由财政注资引导，鼓励金融资本依法参与。

为保障国家文化安全，各国政府对传媒行业多进行资金支持。我国政府对新闻出版企业的政策性扶持资金主要包括：宣传文化发展专项资金、国家出版基金、国家文化产业专项基金、国有资本经营预算以及各地区的文化产业专项资金等。

3.5.1 宣传文化发展专项资金

2007 年 8 月 22 日，财政部根据《国务院办公厅转发财政部、中宣部关于进一步支持文化事业发展若干经济政策的通知》（国办发〔2006〕43 号），决定在中央和省级财政继续建立"宣传文化发展专项资金"，并印发《宣传文化发展专项资金管理办法》，以加强"宣传文化发展专项资金"的管理、使用和监督。宣传文化发展专项资金最初见于财文字〔1995〕314号，在2007年的文件第六条关于专项资金的使用方式和范围中明确规定，专项资金采用专项拨款和专项贴息相结合的方式安排使用。

专项拨款主要用于宣传文化单位的公益性项目或技术改造、设备更新等，包括：重点图书和专业学术著作出版困难补助及优秀图书奖励；出版企业和印刷企业设备更新和技术改造；县及县以下新华书店网点建设；编辑业务楼改造、维修；对文化产品和服务出口的资助，以及其他经财政部门批准的支出。

专项贴息主要用于宣传文化单位临时性资金不足，及有偿还能力的技术改造、设备更新等项目借款的利息补助，包括：技术改造等临时性资金不足借款的利息补助；有偿还能力的技术改造、设备更新等项目借款的利息补助。专项资金不得用于楼堂馆所建设。

3.5.2 国家出版基金

2007年经国务院批准设立国家出版基金，以繁荣发展我国新闻出版事业，鼓励支持优秀公益性出版物出版。国家出版基金主要来自中央财政拨款，并依法接受自然人、法人或其他组织的捐赠。国家出版基金主要用于对不能通过市场资源筹集出版资金的优秀公益性出版物的直接成本补助。

国家出版基金的主要资助范围包括：

①具有相当规模，代表现阶段思想政治、文学艺术、科学文化最高研究水平的出版项目；

②具有填补某一学科领域空白，对我国政治、经济、文化、社会发展等具有积极推动作用的出版项目；

③具有重要思想价值、科学价值或文学艺术价值，对弘扬民族优秀文化和及时反映国内外新的科学文化成果有重大贡献的出版项目；

④具有很高史料价值，集学术之大成的出版项目；

⑤对维护国家稳定、民族团结具有特殊意义的出版项目；

⑥优秀盲文、少数民族文字出版项目；

⑦优秀"三农"、未成年人读物出版项目；

⑧对推动中国文化"走出去"具有重要意义和作用的出版项目；

⑨国家委托的重点出版项目；

⑩其他优秀公益性出版项目。

国家出版基金是继国家自然科学基金、国家社会科学基金之后的第三大国家设立的基金。据统计，截止到2013年，国家出版基金累计投入已达19亿元，资助具有文化传承与积淀价值的出版项目1 200余项，其中已有近800个项目推出了成果。

自2007年经国务院批准设立国家出版基金，特别是党的"十八大"确立建设文化强国的战略目标以来，中央财政逐年加大对国家出版基金的投入，基金规模从初期的每年2亿元，增加到2014年的4.5亿元。基金规模的不断扩大，为推动精品力作的出版、提升出版基金的社会影响力提供了坚实保障，并呈现出申报单位和申报项目数量逐年递增、资助项目单位地域分布全面覆盖、资助项目规模结构逐步优化、资助项目载体形式日趋多样、资助项目选题结构更加完备等特点。

2010年度共有527个项目申请国家出版基金资助。经过专家评审并报基金委审批，共有95个项目获得资助，占申报项目总数的18%，总淘汰率为82%。

2011年度共有420家出版单位提出了615个项目申请，比2010年增加88项，增长16.7%。经过初评、复评和终评三个阶段的专家评审，并报基金委审批，共有151家出版单位的184个项目获得资助，占申报项目总量的29.9%；立项数量比2010年增长近一倍，资助率提高11.9%。

2012年度共收到414家出版单位的项目申请579项，最终有171家出版单位的205个项目获资助，占申报项目总量的35.4%，资助率比2011年提高5.5%。205个项目的资助总额为3.46亿元。

2013年度共有513家出版单位提出了989个项目申请。经过初评、复评和终评三个阶段的专家评审，并报基金委批准，共有251家出版单位的340个项目获得资助，占申报项目总量的34.4%。340个获资助项目的资助总额为35 866.82万元（按进度分年拨付）。

2014年度，共有556家出版单位申报了1 069个项目，比2013年分别增长了8.4%和8.1%。最终有317个项目获得2014年度4.5亿元的国家出版基金资助。2014年度国家出版基金拟对《邓小平晚年思想研究》等317个项目进行资助，具体见表3-17。[17]

表3-17　2014年度国家出版基金拟资助项目名单（部分）

序号	项目名称	申报单位
A. 马克思主义、列宁主义、毛泽东思想、邓小平理论（3个）		
1	《邓小平晚年思想研究》	四川人民出版社有限公司
2	《马克思主义经典著作基本观点研究丛书》	人民出版社
3	《新中国成立后毛泽东军队建设战略转变思想研究》	军事科学出版社
B. 哲学、宗教（9个）		
1	《藏传佛教在西域和中原的传播——〈大乘要道密集〉研究初编》	北京师范大学出版社
2	《近百年儒学文献研究史》	福建人民出版社有限责任公司
3	《真理标准问题讨论资料汇编》	山东人民出版社有限公司
4	《中国百年文化思潮》	陕西人民出版社有限责任公司
5	《云南佛教源流与文物》	云南教育出版社有限公司
6	《藏传佛教高僧弘法手迹珍典(第1辑)》	甘肃文化出版社有限责任公司
7	《汤一介集》	中国人民大学出版社有限公司
8	《杜威全集·晚期著作》	华东师范大学出版社有限公司
9	《任继愈文集》	国家图书馆出版社

3.5.3 国家文化产业专项资金

2010年，财政部印发了《文化产业发展专项资金管理暂行办法》（财教〔2010〕81号），并于2012年进行了修订，财政部以财文资〔2012〕4号文印发。

专项资金由中央财政安排，专项用于提高文化产业整体实力，促进经济发展方式转变和结构战略性调整，推动文化产业跨越式发展。专项资金的支持方向如下：

①推进文化体制改革。对中央级经营性文化事业单位改革过程中有关费用予以补助，并对其重点文化产业项目予以支持。

②培育骨干文化企业。对中央确定组建的大型文化企业集团公司重点发展项目予以支持，对文化企业跨地区、跨行业、跨所有制联合兼并重组和股改等经济活动予以支持。

③构建现代文化产业体系。对国家文化改革发展规划所确定的重点工程和项目、国家级文化产业园区和示范基地建设、文化内容创意生产、人才培养等予以支持，并向中西部地区、特色文化产业和新兴文化产业倾斜。

④促进金融资本和文化资源对接。对文化企业利用银行、非银行金融机构等渠道融资发展予以支持；对文化企业上市融资、发行企业债等活动予以支持。

⑤推进文化科技创新和文化传播体系建设。对文化企业开展高新技术研发与应用、技术装备升级改造、数字化建设、传播渠道建设、公共技术服务平台建设等予以支持。

⑥推动文化企业"走出去"。对文化企业扩大出口、开拓国际市场、境外投资等予以支持。

⑦财政部确定的其他文化产业发展领域。

专项资金支持项目分为重大项目和一般项目，支持方式包括以下几种。

①项目补助。对符合支持条件的重点发展项目所需资金给予补助。

②贷款贴息。对符合支持条件的申报单位通过银行贷款实施重点发展项目所实际发生的利息给予补贴。

③保费补贴。对符合支持条件的申报单位通过保险公司实施重点发展项目所实际发生的保费给予补贴。

④绩效奖励。对符合支持条件的申报单位按照规定标准给予奖励。

⑤财政部确定的其他方式。

2013年中央财政下拨文化产业发展专项资金48亿元，比2012年增加41.18%。截至2013年，中央财政已累计安排142亿元文化产业发展专项资金，有力地支持了文化体制改革和文化产业发展，对推动全国文化领域结构调整、合理配置文化资源、优化产业发展整体布局发挥了重要作用。在继续实施一般项目的基础上，2014年新增文化金融扶持计划、实体书店扶持试点、环保印刷设备升级改造工程、重点新闻网站软硬件技术平台建设4个重大项目，着重解决文化产业发展面临的关键性、瓶颈性问题。

国家文化产业专项资金支持的部分新闻出版项目如下。[18]

（一）涉及新闻出版领域的重大项目。

（1）环保印刷设备升级改造工程（见表3-18）（部分项目）。

表3-18

序号	单位名称	项目名称
1	文物出版社印刷厂	购置及修复设备，重新恢复珂罗版生产
2	中闻印务投资集团有限公司	绿色环保印刷生产线改造项目
3	北京师范大学出版社(集团)有限公司	高端环保印刷设备升级改造项目
4	中共中央党校出版社	全国党校系统"轻出版"暨高端环保按需印刷建设项目
5	中国质检出版社	标准按需出版环保印刷设备升级改造项目
6	北京新华印刷有限公司	数字化及绿色印刷体系建设与技术改造示范工程

序号	单位名称	项目名称
7	新疆生产建设兵团印刷厂	兵团印刷厂环保绿色印刷设备改造项目
8	北京利丰雅高长城印刷有限公司	印刷工艺及技术改造
9	北京华联印刷有限公司	环保印刷技术升级改造项目
10	乐亭县金正印刷包装制作有限公司	绿色环保印刷包装制作设备升级改造项目

（2）新闻出版业数字化转型升级（见表3-19）（部分项目）

表3-19

序号	单位名称	项目名称
1	朝华出版社有限责任公司	朝华出版社MPR数字化转型升级
2	中国农业大学出版社有限公司	中国农业大学出版社有限公司数字化转型升级项目
3	北京语言大学出版社有限公司	MPR国家标准和技术应用项目
4	中国建筑工业出版社	基于CNONIX标准的ERP系统升级改造及客户端开发工程
5	中国水利水电出版社	"中华治水故事"MPR出版物
6	九州出版社	海峡两岸移动互联微阅读数字出版平台（CNONIX与ONIX标准两岸数据互通应用试验）
7	中国少年儿童新闻出版总社	基于MPR标准的少儿复合出版应用示范项目
8	中南出版传媒集团股份有限公司	中国出版物在线信息交换标准应用示范工程
9	青海民族出版社	青海民族出版社MPR国家标准和技术应用项目
10	故宫出版社	故宫出版社版权资产管理与运营平台项目

（3）实体书店扶持试点（见表3-20）（部分项目）。

表3-20

序号	单位名称	项目名称
1	北京三联韬奋书店有限公司	实体书店扶持试点奖励
3	北京纸老虎文化交流有限公司	实体书店扶持试点奖励

续表

序号	单位名称	项目名称
4	北京市外文书店	实体书店扶持试点奖励
5	北京雨枫文化传播有限公司	实体书店扶持试点奖励
6	上海图书公司（艺术书房）	实体书店扶持试点奖励
7	上海钟书实业有限公司	实体书店扶持试点奖励
8	上海复星书刊发行产业有限公司	实体书店扶持试点奖励
9	上海中图图书连锁经营有限公司	实体书店扶持试点奖励
10	上海外文图书公司	实体书店扶持试点奖励

（二）一般项目。

（1）支持文化体制改革（见表3-21）（部分项目）。

表3-21

序号	单位名称	项目名称
1	中国图片社	新华社标准化影像信息集成服务平台
2	辽宁日报传媒集团有限公司	"辽宁新闻枢纽"多终端数字化传播集成平台项目
3	黑龙江日报报业集团	黑龙江历史文化数据库及中俄（双语）文化交流云平台项目
4	哈尔滨日报业集团有限责任公司	全媒体数字化管理平台
5	福建日报报业集团	福建日报数字媒体项目
6	江西日报传媒集团有限公司	江西日报传媒集团4G云媒体商用平台项目
7	萍乡日报社	萍乡日报社全媒体建设项目
8	青岛报业传媒集团有限公司	青岛报业传媒集团数字化全媒体融合建设项目
9	河南日报报业集团有限公司	大河影像版权数据交易系统
10	十堰日报传媒集团有限公司	秦巴山片区全媒体智能信息服务平台建设

（2）支持文化传播渠道建设（见表3-22）（部分项目）。

表3-22

序号	单位名称	项目名称
1	中国国际图书贸易集团有限公司	"亚马逊中国书店"——中国出版物海外线上发行平台
2	华语教学出版社有限责任公司	《互动学汉语》服务平台
3	中报国际文化传媒(北京)有限公司	英文中国财经、文化对外传播平台项目
4	小康杂志社	中国全面小康多媒体融合宣传推广及公共信息服务平台建设
5	学习出版社	宣传系统个性化出版交流平台
6	北京市新华书店连锁有限责任公司	北京市新华书店连锁有限责任公司智能化系统信息服务平台
7	河北出版传媒集团有限责任公司	河北省新华书店数字化立体运营升级项目
8	大连市新华书店	大连数字化新华书店
9	上海新华连锁有限公司	新华书店线上线下(O2O)示范工程项目
10	安徽新华发行(集团)控股有限公司	智能O2O文化传播体系建设项目

（3）支持文化产业升级（见表3-23）（部分项目）。

表3-23

序号	单位名称	项目名称
1	中国出版集团公司	中国出版集团公司系列特色实体书店项目
2	中版集团数字传媒有限公司	中版集团特色书店O2O综合运营系统
3	中国数字图书馆有限责任公司	利用海外新媒体渠道传播中华文化
4	新闻出版总署信息中心（新闻出版总署互联网出版监测中心）	网络编辑在线教育培训平台
5	人民东方出版传媒有限公司	《新华月报》全媒体传播工程
6	中国新闻出版传媒集团有限公司	《乐活中国Happy China》全球汉语互动学习平台
7	中国书法出版传媒有限责任公司	中国书法网络电视台

续表

序号	单位名称	项目名称
8	作家出版社	中国诗歌数字平台项目
9	江苏现代快报股份有限公司	现代快报内容、发行、用户、营销一体化全媒体系统
10	人民画报社	"画报中国"图片聚合出版创新工程

（4）支持文化产业园区及基地建设(见表3-24)（部分项目）。

表3-24

序号	单位名称	项目名称
1	中国环境出版有限责任公司	国家生态文化教育(重庆)基地
2	辽宁出版集团有限公司	绿色印刷产业园
3	大家出版传媒(大连)股份有限公司	幻想儿童文学产业化基地建设
4	上海印刷(集团)有限公司	上海商务印刷文化创意服务平台建设
5	湖北日报楚天传媒(集团)有限责任公司	绿色印刷与构建环保型生产园区
6	新疆恒远中汇彩印包装有限公司	新疆民族特许商品绿色印刷包装生产基地

（5）支持文化产品生产及其他（见表3-25）（部分项目）。

表3-25

序号	单位名称	项目名称
1	科学普及出版社	青少年科普出版资源整合投送服务系统的构建
2	中国财富出版社	中国出版业采购经理指数(P–PMI)项目
3	中国中医药报社	中国中医药新闻资讯数字化传播暨文化产业创新平台建设项目
4	中国青年报社	基于"大数据技术"建设全媒体融合内容生产和传播平台项目
5	军事医学科学出版社	军事医学数字资源精细出版(一期)
6	甘肃鼎鑫文化传播有限公司	道情皮影数字化保护与动漫创新应用工程

序号	单位名称	项目名称
7	中国文联出版社	中国艺术出版资源素材库建设工程(二期)
8	中国国际文化影像传播有限公司	中国全球图片总汇图片库网站升级、子库建设项目
9	外文出版社有限责任公司	中国边疆史地研究资料多语种数据库
10	科学技术文献出版社	中医方剂网络数据库平台

3.5.4 鼓励传媒企业走出去的基金资助

3.5.4.1 经典中国国际出版工程

"经典中国国际出版工程"是新闻出版总署为鼓励和支持适合国外市场需求的外向型优秀图书选题的出版,有效推动中国图书"走出去"而直接负责的一项重点骨干工程。2009年10月,该工程启动。在2014年"经典中国国际出版工程"终审会上,418个品种、256个项目脱颖而出。作为新闻出版"走出去"国家级重点工程,"经典中国国际出版工程"已经成为推动中国出版"走出去"的重要平台和手段,在进一步加大外向型出版物版权输出力度方面发挥了十分重要的作用,在国内外产生了一定影响,社会影响力不断增大。据悉,自2009年第一期项目评审和实施以来,"经典中国国际出版工程"已累计资助2 000多种图书。[19]

"经典中国国际出版工程"的资助对象:申请项目的出版物限于图书,不包括音像制品(但随书配送的音像制品除外)。申报项目必须最终能够实现向非华语地区版权输出或与非华语地区的出版单位进行国际合作出版发行。输出方式主要是版权输出或合作出版。在我国大陆及港、澳、台地区市场销售的和以外国华语地区为输出方向的中文版图书,以及国内出版的外文版图书直接向外销售的,不列入申报范围。

"经典中国国际出版工程"的资助额度:总额3千万元左右;一个品种一般可获得几万至几十万元的资助。

3.5.4.2 "中国图书对外推广计划"资助

2006年1月，国务院新闻办公室与新闻出版总署在京联合成立了"中国图书对外推广计划"工作小组。

国内出版单位每年分两次集中向"中国图书对外推广计划"工作小组办公室推荐图书，第一次为1月初~2月底，第二次为7月初~8月底，也可以根据需要随时向工作小组办公室推荐。推荐图书的范围主要为：反映中国当代社会政治、经济、文化等各个方面发展变化，有助于国外读者了解中国、传播中华文化的作品；反映国家自然科学、社会科学重大研究成果的著作；介绍中国传统文化、文学、艺术等具有文化积累价值的作品。

3.5.4.3 国家文化出口重点企业和项目奖励

在商务部等十部门《关于进一步推进国家文化出口重点企业和项目目录相关工作的指导意见》中，提出要进一步加大对文化出口重点企业和项目的支持力度，以利于率先培育一批中国文化出口品牌企业和品牌项目，加快提升文化出口企业的国际竞争力，推动我国文化贸易实现跨越式发展。

为达到这一目标所采取的具体保障措施主要有：加大资金支持力度、实行税收优惠政策、提高出口便利化水平、加强国际营销网络建设、建立并完善文化贸易中介组织、支持企业赴境外投资、支持技术创新、加强信息平台建设、建立表彰奖励机制、加强组织领导等。

（1）加大资金支持力度

财政部会同有关部门研究制定财政支持文化出口的政策。通过贷款贴息、项目补助、奖励、保费补助等多种方式支持文化出口，支持文化企业在境外参展、宣传推广、培训研讨和境外投标等市场开拓活动，支持重点文化产品的对外翻译制作和出版活动。

（2）实行税收优惠政策

贯彻落实《财政部、国家税务总局关于支持文化企业发展若干税收政策问题的通知》（财税〔2009〕31号）规定的支持文化企业出口的税收政策。对文化企业从事国家鼓励发展的文化项目，进口项目自用且国内不能生产的设备和按照合同随设备进口的技术及配套件、备件，根据有关规定免征关税。

（3）提供金融支持

积极改进和完善金融服务。根据文化企业的特点，鼓励和引导银行业金融机构完善信贷管理制度，创新金融产品和服务方式，加强对文化企业的融资支持。根据实际需求做好贷款投放，并合理确定贷款期限和贷款利率。加强文化企业信用增强体系建设。尽快研究建立健全无形资产（如版权、商标权）价值评估体系，制订有关无形资产价值评估标准，建立无形资产价值评估中介机构和抵（质）押登记、交易平台。在有效防范信贷风险的基础上，积极探索股权、债权、仓单、保单、应收账款、知识产权等无形资产质押担保方式，增强文化企业的融资能力。

多方面拓宽文化企业融资渠道。支持符合条件的文化企业通过发行股票、企业债券、短期融资券和中期票据等债务工具扩大直接融资。支持符合条件的文化企业在境内外资本市场上市融资。鼓励符合国家规定的相关金融机构以投资参股等形式支持文化出口。全方位做好对文化企业扩大出口和发展境外业务的金融咨询、金融理财和进出口收、付、汇等贸易融资服务。

进一步完善出口信用保险体系。根据我国文化出口实际情况，采取灵活承保政策，优化投保手续，不断扩大支持规模，为文化企业提供快捷高效的风险保障、融资便利、资信评估和应收账款管理等服务。

3.5.5 国有资本经营预算

国有资本经营预算是指"国家以所有者身份将其拥有或支配的货币资金用于资本性投入的收支计划"。国有资本金经营预算是国家以所有者身份依法取得国有资本收益，并对所得收益进行分配而发生的收支预算，是政府预算的重要组成部分，是国有资产所有权管理的基本手段，更是实现政府宏观调控目标和国有资本有效运营的重要措施。[20]

中宣部、财政部、国家新闻出版广电总局联合引导支持中央文化企业数字化转型升级，支持文化和科技的融合，加快发展新型文化业态。2015年资本预算编制明确了三个重点：支持兼并重组与深化企业改革、支持推动文化与科技融和创新、支持推动文化走出去。国有资本经营预算给中央文化企业提供了合理利用国有资本用于企业发展的平台和机会，有利于企业利用财政资金，缓解发展资金困难，推动企业资源整合，推进产品、服务和管理创新，增强市场竞争实力，实现转企改制后的转型升级、做强主业和跨越式发展。[21]

3.6 其他融资方式

3.6.1 融资租赁

融资租赁又称资本租赁、财务租赁，是由租赁公司按照承租企业的要求融资购买设备，并在契约或合同规定的较长期限内提供给承租企业使用的信用性业务，是现代租赁的主要类型。

融资租赁从20世纪80年代开始引入我国，从2001年开始，被成功地应用在印刷行业，成为解决印刷企业融资的重要途径。融资租赁公司所开展的印刷设备融资租赁业务，以印刷设备居多，印前、印后较少；二手印刷机业务也少有涉及；业务所覆盖的区域，基本集中在北京、上海、浙江一带；承租人绝大多数为民营企业；据多方估计，早期的融资金额大概为3-4亿元。在我国，最早涉足印刷设备融资租赁业务的是上海新世纪融资租赁公司，之后，江苏金融租赁、浙江租赁、纽科租赁（现在的美联信金融租赁公司）、远东租赁等也陆续介入印刷设备的融资租赁业务。从融资租赁业务所涉及的设备供应商来看，上述几家融资租赁公司比较看重和国外知名品牌供应商合作，对于国内设备的融资租赁业务几乎没有涉及。海德堡、罗兰、高宝、三菱、小森等国外知名品牌都与融资租赁公司开展了融资租赁业务。[22]

3.6.2 集团内部融资

相对于单体企业而言，新闻出版集团在资金融通方面具有更大的便利，可以利用集团各企业之间的纽带关系融通资金。集团内部企业之间相互提供资金融通的方式多样，有相互持股、发行债券、短期商业信用等多种形式。集团内部融资，可以更好地发挥内部融资成本较低、交易费用少等优势。

甄树声、戴涛在《河北出版集团融资可能性分析》一文中谈到河北出版集团包含下属7家出版社、1家报刊中心、2家书刊印刷厂、1家光盘生产企业和省新华书店集团等单位。由于集团下属的出版社、书店、印刷厂、各实业公司的财务相对独立，因此各子单位之间形成了三角债关系，造成有些单位账面上有大量的应收账款却又不得不依靠向银行贷款来维持正常的经营活动。作者提出，河北出版集团可以通过债转股以及互相持股，尤其是各出版社之间，理顺集团内部的资金链条，加强集团内部各单位之间的联系。[23]此外，河北出版传媒集团应充分整合出版、印刷、发行、物资等资源，提高企业各种资源的产出："整合集团教材租型印制和省外营销推广业务，组建教材经营公司；成立投资发展公司，统筹运营集团公司产业园区和重点投融资项目；整合集团各社两报六刊，组建阅读传媒公司；整合集团公司在北京的出版资源，组建了北京颂雅风出版传媒公司，拓展集团公司在北京的出版窗口和发展阵地；整合集团公司印制业务，理顺了产业链条；整合集团公司物业服务资源，组建物业服务公司，盘活了物业服务资产；整合仓储公司和外贸公司，成立出版物资贸易公司，统一经营集团公司出版物资采购、仓储与销售业务；组建冀版出版物销售公司，统筹运营集团公司一般出版物的市场营销推广业务。"[24]

以上举措有利于企业传播力、竞争力的大幅提升，使产业规模与效益走在全国前列。

3.6.3　基于项目的行业内融资

项目融资一般是指以项目的名义，用项目的资产、预期收益或权益作抵押取得的一年期以上的无追索权或有限追索权的融资或贷款活动。在新闻出版行业内的融资，常见于大型丛书、套书的项目合作。当出版社遇到重大选题而自己无力单独承担时，联合其他出版社共同完成就是一个可行的选择。如35家科技出版社联合出版《青年科学普及文库》，5家美术出版社联合出版的60卷本《中国美术全集》，各地美术出版社联合出版的《中国历代服饰》画册等。从某种意义上而言，项目融资实际上是一种合作，项目融资获得的不仅仅是资金，还有专业技术上的支持。[25]

3.7　我国新闻出版业融资方面存在的主要问题及建议

3.7.1　加大及优化财政资金对于新闻出版业的支持

在互联网及数字新媒体的冲击下，顺应消费者习惯及技术变革的宏观趋势，与数字新媒体融合发展是传统新闻出版媒体所必须做出的选择。传统媒体转型及创新发展必然会面对许多风险和问题，在数字新媒体方面的大规模投入及可能遭遇的困难对于实力不强的媒体企业来说是难以独立承担的，需以财政资金加以铺垫及引导。各级财政部门需要继续加大在新闻出版领域的投入，同时也需要在投入的方式上不断创新，更有效率地引领新闻出版企业转型升级，实现跨越式发展。

3.7.2　为信贷资金支持新闻出版业的发展扫清障碍

目前银行信贷资金对于新闻出版业的支持集中于实力较强、风险较小的大型传媒集团以及国家政策支持的大型文化产业项目，中小型新闻出版企业贷款融资较为艰难。这是因为文化企业"轻资产"的特点决定了传统的银行金融产品并不完全适合，不论是贷款质押还是知识产权评估，都是目前企业和金融机构之间切实存在的鸿沟；特别是文化产业中的中小型企业，正处于发展的早期或中期阶段，自身盈利模式不成熟、抗风险能力差，在贷款融资的过程中更是处处碰壁。[26]

解决这一问题可从以下两方面着手。

（1）加强新闻出版业投融资信息平台建设

银行与新闻出版企业间的信息不对称导致银行难以对贷款风险进行正确的考量，从而难以做出放款的决定。投融资信息平台的建设有利于银行获取企业的经营信息、项目信息，从而作出客观的评估。信息平台也有利于企业了解银行的产品及服务，从而做出正确的选择，及时获得银行的资金及其他支持，以利于企业的健康发展。

（2）加强新闻出版企业信用担保体系建设

新闻出版企业的资产特点决定了版权担保贷款模式是许多新闻出版企业获取银行贷款的一个可行性选择。目前实践中，版权价值评估无论是在评估方法还是在评估队伍方面都存在不足之处，亟待发展与完善。

另外，为了支持文化产业的发展，各地政府主管部门联合信用担保公司进行了诸多尝试和探索，需认真总结实践中的创新举措，逐步优化并推广。

3.7.3 推动更多的优秀新闻出版企业走向资本市场

我国在多层次资本市场建设方面已取得卓有成效的进展，上海证券交易所及深圳证券交易所已跻身于世界主要证券交易市场之列。从两个交易所的数据表现来看，其旗下的主板、中小板、创业板均发展迅速，为不同层次、不同发展阶段的企业提供了优质的融资服务。随着"新三板"市场扩容及逐步发展完善，我国将逐步形成包括主板、创业板、场外柜台交易网络和产权市场在内的多层次资本市场体系。

目前，在国内各层次的资本市场上均可以发现新闻出版企业的存在，这要归功于政策限制的放开及行业主管部门和新闻出版企业自身的不懈努力。当前仍有很多优秀的新闻出版企业未能实现与资本市场的对接，未能充分借助资本市场优化公司资本结构、提高治理效率，企业及政府主管部门需做出恰当的抉择。

3.7.4 以更加开放的态度对待包括民间资本等在内的各种资金

我国国有文化企业所有制改造的大幕已徐徐拉开，国有文化企业一股独大、体制僵化的问题在这一过程中将逐步获得解决。近年来，我国新闻出版领域对社会资本已实现诸多开放，但开放的程度依然不够，在某些领域依然保持着较为严格的准入限制。另外，由于版权保护落实不到位，相关的制度安排不到位，行业整体投资风险依然较高，投入产出回报并不明确，从而在一定程度上影响了社会资本的大量流入。新闻出版业在进一步开放方面仍需做出切实的努力，以更加开放的态度对待包括民间资本、风险投资等在内的各种资金，吸收利用更先进的技术及理念，与数字新媒体融合发展，逐步走向辉煌。

参考文献

[1] 北方联合出版传媒(集团)股份有限公司发展历程[EB/OL]. http://www.nupmg.com/about.aspx?pid=1&cid=10.

[2] 北方联合出版传媒(集团)股份有限公司竞争优势[EB/OL]. http://www.nupmg.com/about.aspx?pid=1&cid=11.

[3] 中南出版传媒集团股份有限公司公司概况[EB/OL]. http://www.zncmjt.com/Column.aspx?ColId=1564.

[4] 四川新华文轩传媒股份有限公司在香港联交所成功上市[EB/OL]. [2009-10-23]www.wen-ming.cn.

[5] 四川新华文轩传媒股份有限公司公司历史[EB/OL]. http://www.winshare.com.cn/library.html.

[6] 整体上市的三个案例比较[EB/OL]. [2004-09-02]http://finance.sina.com.cn.

[7] 分拆上市[EB/OL]. http://baike.baidu.com/view/604170.htm?fr=aladdin

[8] 中国出版集团公司概况, http://www.cnpubg.com/overview/.

[9] 谢晓萍. 中国出版集团拟明年登陆A股 荣宝斋或分拆上市[EB/OL]. [2009-12-03]http://www.sina.com.cn.

[10] 借壳上市[EB/OL]. http://baike.baidu.com/view/10871.htm?fr=aladdin.

[11] 上海新华传媒股份有限公司[EB/OL]. http://www.xhmedia.com/cn/page.jsp?topid=1.

[12] 李磊. 创业板上市操作指南[M]. 北京:经济科学出版社,2009.

[13] 蒋慧. 我国文化传媒企业IPO融资策略研究[D]. 荆州:长江大学,2013.

[14] 中国文化产业投资基金 关于我们[EB/OL]. http://www.chinacf.com/.

[15] 民营出版业获5亿美元VC/PE注资 退出渠道仍待开拓,www.howbuy.com2013-03-20 .

[16] 何奎. 当前新闻出版业投融资现状、问题及对策[J]. 中国出版,2014.

[17] 2014年度国家出版基金评审立项工作综述[EB/OL]. http://www.npf.org.cn/NewNewDetailed.aspx?id=4&childId=401&nid=1658.

[18] 2014年度文化产业发展专项资金拟支持800个项目[EB/OL]. http://www.hbcbgd.gov.cn/system/2014/09/23/010756942.shtml.

[19] 王玉梅. 2014经典中国国际出版工程终评[EB/OL]. 中国新闻出版网/报[2014-06-04].

[20] 门韶娟. 国资监管与财务控制[M]. 沈阳:辽宁大学出版社,2006.

[21] 张玉玲. 财政如何助力文化央企转型升级[N]. 光明日报,2014-10-23.

[22] 穆龙. 融资租赁在印刷行业中的运用情况及分析[J].现代商业,2010(29).

[23] 甄树声,戴涛.河北出版集团融资可能性分析[J]. 河北大学学报:哲学社会科学版,2006(4).

[24] 冯文礼. 河北出版传媒集团:加快从"前列"向"前茅"迈进[N/OL]. 中国新闻出版网/报,[2010-07-21].

[25] 中国出版科学研究所"出版业融资问题研究"课题组. 我国出版单位融资问题研究[J]. 出版发行研究,2002(11).

[26] 辛阳. 中美文化产业投融资比较研究[D]. 长春:吉林大学,2013.

第4章 我国出版上市企业资本结构
与绩效的现实考察

自改革开放以来，中国的出版业有了突飞猛进的发展。中国的出版业在今后几年将继续呈现快速发展的态势，这是毋庸置疑的。但出版形势的发展也已经证明，中国原有的出版市场格局将被打破，一个全新的市场化的出版市场格局正在逐步形成。

从国内行业的生产构成看，中国现代出版业是以市场为导向的出版业。因此，分别对应图书产品的三大功能，即娱乐（文化）功能、知识功能和信息功能，产生了大众图书市场、教育图书市场和专业图书市场。这是现代图书市场的基本结构。经过这些年的发展，中国的图书市场也比较清晰地呈现出这三个市场的基本划分。

在目前全球金融危机、经济低迷、消费紧缩的情况下，图书相对于其他娱乐产品具有低廉、易得的特征，有着更强的市场亲和力。出版业应以此次金融危机为契机，推广廉价的娱乐消遣方式。出版商可以借此机会重新界定自身的角色，即以低廉的价格提供娱乐、知识。图书行业生产的是实实在在的产品，是图书，是知识。未来对出版行业的投资潜力巨大。

我国出版传媒上市企业现状。

目前上海证券交易所及深圳证券交易所上市的我国出版企业已有14家，ST传媒因数据不完整无法进行数据分析，已剔除，其余13家如表4-1所示。

表4-1　中国出版类上市公司名录

公司名称	股票代码	上市日期(同花顺)	主营业务	企业属性	上市模式
新华传媒	600825	1994年	图书发行	国有	IPO
长江传媒	600757	1996年	图书出版	国有	借壳
天舟文化	300148	2010年	图书出版	民营	IPO
粤传媒	002181	2007年	报业经营	国有	IPO
大地传媒	000719	1997年	图书出版	国有	借壳
出版传媒	601999	2007年	图书出版	国有	IPO
皖新传媒	601801	2010年	图书出版	国有	IPO
时代出版	600551	2002年	图书出版	国有	借壳
博瑞传播	600880	1995年	报业经营	国有	借壳
凤凰传媒	601928	2011年	图书出版	国有	IPO
中文传媒	600373	2002年	图书出版	国有	借壳
浙报传媒	600633	1993年	报业经营	国有	借壳
中南传媒	601098	2010年	图书出版	国有	IPO

在这13家出版类上市公司中，有3家从事报业经营及相关业务，有10家从事图书出版发行及相关业务，本文所选上市公司大多数属于国有，只有天舟文化属于民营，天舟文化以图书出版为主营业务。在国有上市公司中，出版传媒等五家公司的主营业务是图书出版，它们中既有IPO（Initial Public Offerings，首次公开募股）上市，也有借壳上市。这13家出版传媒企业2013年相关财务数据见表4-2。

表4-2 出版传媒上市企业具体财务数据

单位:万元

企业	资产总额	总负债	所有者权益	净利润	主营业务成本	主营业务收入	无形资产	市值
新华传媒	620308	369993	250314	5986	121584	1847478	3481	822300
长江传媒	637758	182674	455084	37170	294374	420807	40312	1048600
天舟文化	63860	9283	54577	2040	23420	32795	49	384000
粤传媒	429277	44298	384979	30914	99988	167101	4311	1016600
大地传媒	293366	88835	204531	28167	227386	288532	17091	496900
出版传媒	261234	85841	175393	7043	100874	132787	10485	360300
皖新传媒	624929	157949	466980	61068	335437	459576	34567	1057400
时代出版	546741	197261	349479	35027	364874	432407	11854	1082900
博瑞传播	483738	101265	265924	38755	78112	151810	546	1094400
凤凰传媒	1449666	443506	1006160	93964	454917	731587	92627	2079200
中文传媒	1194098	579432	614666	68716	962691	1138678	84022	1395800
浙报传媒	656217	236701	419516	49304	122374	235575	11128	1488900
中南传媒	1301261	353266	947994	113185	488102	803305	70826	2304300

数据来源:笔者自行整理。

我国出版企业在国民经济发展中有着重要影响力,2012年5月18日,由光明日报社和经济日报社联合发布的第四届中国"文化企业30强"名单揭晓,江苏凤凰出版传媒集团有限公司、江西省出版集团公司、浙江出版联合集团有限公司、中国教育出版传媒集团有限公司、安徽出版集团有限责任公司、中南出版传媒集团股份有限公司、山东出版集团有限公司、安徽新华发行(集团)控股有限公司、中国出版集团公司、四川新华发行集团有限公司10家入选。从类别上看,出版传媒集团入选数量是最多的,占入选总数的33.33%,可见出版传媒集团在文化产业中占有重要地位。

凤凰出版传媒集团和中南出版传媒集团曾先后进入中国企业500强,时任凤凰出版传媒集团董事长的谭跃和中南出版传媒董事长龚曙光分别于2009年、2011年被中央电视台评为中国经济年度人物，这些事例都说明出版传媒集团在国民经济发展中的影响力在进一步提升。

4.1 中国出版上市企业样本选取

本文将选取中国出版上市公司作为研究对象，其主营业务以出版、发行为主，各企业年报2011—2013年的数据作为研究的总样本，样本数据资料主要来源巨潮资讯网（www.cninfo.com）、同花顺金融服务网（www.10jqka.com）。为保证数据的有效性和可比性，在样本的筛选上本文遵循如下三点原则。

（1）保留只发行A股的上市公司。

（2）在样本中剔除ST公司、PT公司等出现异常值的上市公司，因为如果将这些有异常情况的公司纳入样本，将极大地影响结论的可靠性和一致性。

（3）为避免新股和数据不连贯的影响，剔除2011年12月31日之后上市以及数据缺失的公司。经过仔细筛选，共有13家上市公司符合要求，样本区间为2011—2013年。

表4-3　出版上市公司样本

公司名称	股票代码	上市时间	主营业务
博瑞传播	600880	2000年1月	出版物印刷、报刊投递、游戏软件的开发与销售等
新华传媒	600825	2006年10月	图书、报刊发行等
粤传媒	002181	2007年11月	印刷出版物、广告经营、报纸发行等
出版传媒	601999	2007年12月	图书出版、发行，票据印刷等
时代出版	600551	2008年11月	出版传媒、印刷复制等
皖新传媒	601801	2010年1月	出版物的批发、零售；音像出版等
中南传媒	601098	2010年10月	出版、发行、印刷、报纸网络新媒体等

续表

公司名称	股票代码	上市时间	主营业务
天舟文化	300148	2010年12月	青少年读物的策划、设计以及发行业务
中文传媒	600373	2011年1月	出版、印刷、发行、影视制作等出版文化传媒类业务
长江传媒	600757	2011年3月	出版传媒业
凤凰传媒	601928	2011年11月	图书出版物及音像制品的出版、发行及文化用品销售
浙报传媒	600633	2011年9月	报纸、杂志的发行、印刷、广告经营业务和新媒体业务
大地传媒	000719	2011年12月	新闻、出版、文化教育产业

资料来源：笔者自行整理。

4.2 中国出版上市公司资本结构现状分析

通过对中国出版上市公司财务报表历年数据进行分析，可以知道与其他行业的企业相比，我国出版上市企业资本结构存在其自身的特征。

4.2.1 出版上市企业债权结构分析

（1）出版上市企业资产负债率

资产负债率是衡量公司综合负债程度的常用指标，指公司的负债总额与资产总额的比值，能够反映企业的资本结构。根据新资本结构优化理论，当公司负债程度处于一定范围内时，公司因能获得所得税抵减和杠杆效应，比无负债或低负债的公司有着更高的市场价值。因此，公司在经营状况较好时，可以适当提高举债比例以降低公司综合平均资本成本，达到提高企业价值的财务目标。但是资产负债率过高可能会导致公司发生资不抵债以致最终破产。

表4-4　出版上市企业资产负债率分布表

年份(年)＼资产负债率(%)	0-20(家)	20-30(家)	30-40(家)	40以上(家)	出版上市公司平均资产负债率(%)	A股上市公司平均资产负债率(%)
2011	2	5	4	2	28.80	42.64
2012	3	3	5	2	30.35	46.05
2013	3	3	5	2	30.67	43.89

数据来源：笔者自行整理。

2011—2013年全国纯A股（纯A股指剔除ST类、*ST类以及发行了B股H股的上市公司）上市公司的平均年末资产负债率分别为42.64%、46.05%、43.89%，比同期出版上市公司的平均年末资产负债率分别高出13.84%、15.7%、13.22%。由此可见，我国出版上市公司的平均资产负债率普遍偏低，低于全国上市公司平均水平，仅在30%左右，说明企业没有充分运用财务杠杆。由于出版上市公司受国家文化政策影响较大，使之融资的能力相应地受到局限。

（2）出版上市企业债务结构

债务结构是公司资本结构的一个重要方面，它是指上市公司借入不同期限资金的构成。一般情况下，负债期限结构中应妥善安排短、中、长期负债，并保持适当的比例关系，以适应生产经营中不同时期资金的需要量，特别是避免还债期过于集中和还款高峰期的出现。流动负债比率越高，说明公司对短期负债资金的依赖程度越强，公司偿债的压力越大，破产风险也越大。中国出版上市公司2011—2013年负债的内部结构见表4-5。

表4-5 出版上市公司负债内部结构表

项目 年份(份)	非流动负债占全部负债的比重(%)	非流动负债占全部资产的比重(%)	流动负债占全部负债的比重(%)	流动负债占全部资产的比重(%)
2011	5.42	1.79	94.58	26.65
2012	7.75	3.14	92.25	27.00
2013	5.42	4.73	83.22	26.11

数据来源：笔者自行整理。

从表4-5负债内部结构来看，长期负债占负债总额的比例很低，流动负债占整体负债的比重很高，这一指标反映了一个公司依赖短期债权人的程度，该指标越高，说明公司对短期负债资金来源的依赖性越强，公司偿还债务的压力越大，财务风险随之越大。该指标在2011年达到了94.58%，说明有些公司没有利用长期债务资金，而且流动负债占全部负债的比重的平均值也一直居高不下，最低的也已达到了83.22%。说明出版上市公司利用债务资金时都偏好短期债务，有短借长投的倾向。由表4-5还能得知，流动负债占全部资产的比重呈现递减趋势，可见近年来，中国出版企业已经开始重视短期还款能力，也会尽量避免财务困境的出现。

4.2.2 出版上市企业股权结构分析

（1）出版上市企业流通股比例

我国股份公司股本结构由以下几种或一种构成：国家股、法人股、外资股、职工股、社会公众股。流通股是指可以在证券市场买卖交易的部分，也就是可以自由流通的。非流通股指中国证券市场上的上市公司中不能在交易市场上自由买卖的股票。2011—2013年中国出版上市企业流通股占总股本的比例见表4-6。

表4-6　出版上市企业股权结构及其变动

年份(年) 资本结构	2011	2012	2013
总股本(股)	10904550861	11275641637	11786186942
流通股(股)	3584143971	4062532400	6860894934
流通股占总股本的比例(%)	32.87	36.03	58.21
限售流通股持股比例(%)	62.68	59.83	37.96

数据来源：笔者自行整理。

表4-6列出了我国出版上市公司的股本结构及其变动情况，流通股占总股本的比例有了明显的提高，股权流动性越来越强。

（2）出版上市企业股权集中度

上市公司的股权结构是指上市公司的股权状况和股东构成，可以用股权集中度（上市公司的前几位股东所占公司股份的比例）来表示。

表4-7　出版上市企业大股东持股比例

年份(年)	第一大股东持股平均比例(%)	前五大股东持股平均比例(%)
2011	59.06	70.16
2012	60.33	72.00
2013	56.17	68.53

数据来源：笔者自行整理。

对中国出版上市公司进行股权结构数据分析研究发现，在本文所选的样本中，约有90%的公司前五大股东持股数超过50%，截至2013年，绝大多数出版企业的股权集中度有了明显的降低。2011—2013年，第一大股东平均持股比例分别为59.06%、60.33%、56.17%，占前五大股东持股数的比重较大。从

图4-7可以看出，中国出版上市公司的股权集中度属于较集中水平，并且有改善的趋势。第一大股东平均持股比例和前五大股东平均持股比例都经历了一个上升又下降的过程，前五大股东持股比例由2011年的70.16%上升到2012年的72.00%，最后下降到2013年的68.53%，第一大股东由2011年的59.06%上升到2012年的60.33%，最后下降到2013年的56.17%。

4.2.3　出版上市企业资本结构特征

（1）资产负债比例不协调

中国出版上市公司资本结构不够合理，首先资产负债率过低，2011—2013年平均资产负债率分别为28.80%、30.35%、30.67%，在28%-30%之间，与全部上市公司的总资产负债率在40%-50%相比，出版上市公司资产负债率普遍偏低，资产负债比例不协调会使得企业难以适应多变的市场环境，增加了上市企业在市场运营的风险。

（2）过度依赖短期资金来源

我国出版上市公司负债中流动负债比例过高，长期负债比例过低。一般流动负债占总负债的一半较为合理，过高的流动负债将导致企业在金融市场环境变化时，容易出现资金周转困难的现象，这种现象可能是由中国特殊的制度和出版公司自身的特点所导致的。

（3）股权集中度较高

中国出版上市公司股权集中度较高，2011—2013年第一大股东平均持股比例分别为59.06%、60.33%、56.17%，前五大股东平均持股比例分别为70.16%、72.00%、68.53%，已经超过掌握上市公司控股权所需的51%的持股比例。这意味着：前5大股东联合基本上掌握公司的控股权。同时，中国出版上市公司的股权集中度呈现出一定程度上的趋同性，各个公司之间的差异不大。企业的股权结构对其治理结构存在很大的影响。几大股东掌握了其他股东无法与之抗衡的股份，形成了对企业的绝对控制。在这样的企业中出现的代理问题，除了通常存在于股东与经理人之间的代理问题之外，还有企业的大股东与小股东之间的代理问题。

4.3 中国出版上市公司绩效分析

本文将从盈利能力、偿债能力、营运能力、发展能力四个方面来分析中国出版企业的绩效。

4.3.1 盈利能力分析

盈利能力是指企业获取利润的能力，也称为企业的资金或资本增值能力，通常表现为一定时期内企业收益数额的多少及其水平的高低，它不但关系到公司所有者的利益，也是公司偿还债务的重要保障，因此，企业的所有者、经营者及其他利益相关者都很关注企业的盈利能力。本文选择了净资产收益率、资产净利率、销售净利率、每股收益这四个指标来衡量出版上市公司的盈利能力，具体见表4-8。

表4-8 2011—2013年出版上市企业盈利能力指标简表

盈利能力指标	年份(年)	样本数	最大值	最小值	均值	标准差
净资产收益率(%)	2011	13	23.23	0.89	9.65	5.79
	2012	13	17.73	3.80	9.67	3.95
	2013	13	13.77	2.39	9.02	3.65
总资产净利率(%)	2011	13	16.64	0.77	7.59	4.59
	2012	13	11.62	1.94	7.02	2.86
	2013	13	10.68	0.98	7.07	3.11

续表

盈利能力指标	年份(年)	样本数	最大值	最小值	均值	标准差
销售净利率(%)	2011	13	32.42	3.35	12.32	7.41
	2012	13	22.35	5.23	11.75	5.47
	2013	13	25.97	3.42	12.02	6.81
每股收益(元)	2011	13	0.85	0.03	0.39	0.23
	2012	13	0.92	0.11	0.43	0.29
	2013	13	1.04	0.06	0.50	0.29

数据来源：笔者自行整理。

由表4-8可知，出版上市公司在2011—2013年的净资产收益率、总资产收益率、销售净利率以及每股收益的均值波动都不大。这三年以来，净资产收益率的均值在9%-10%之间，总资产收益率的均值大约为7%，销售净利率的均值在12%左右波动，每股收益的均值在0.4左右，说明整体看来出版上市企业在三年间的盈利能力良好且较为稳定，不存在很大的涨幅和跌幅。

4.3.2 偿债能力分析

偿债能力是指公司到期还本付息的能力，公司的偿债能力强弱关系到企业的持续稳定经营，通过这种分析可以揭示公司的财务风险。偿债能力根据负债到期时间的不同，分为短期偿债能力和长期偿债能力。本文将用流动比率、速动比率、资产负债率这三个指标来衡量房地产上市公司的偿债能力，具体见表4-9。

表4-9　2011—2013年出版上市企业偿债能力指标简表

偿债能力指标	年份(年)	样本数	最大值	最小值	均值	标准差
流动比率(%)	2011	13	10.03	0.69	2.97	2.29
	2012	13	7.64	0.87	2.82	1.79
	2013	13	5.91	0.92	2.78	1.40

续表

偿债能力指标	年份（年）	样本数	最大值	最小值	均值	标准差
速动比率(%)	2011	13	9.44	0.61	2.54	2.23
	2012	13	6.86	0.79	2.42	1.66
	2013	13	5.57	0.81	2.40	1.32
资产负债率(%)	2011	13	53.58	8.53	28.80	12.19
	2012	13	57.34	11.18	30.35	13.74
	2013	13	59.65	10.32	30.67	13.18

数据来源：笔者自行整理。

流动比率指流动资产总额和流动负债总额之比，速动比率是指速动资产对流动负债的比率，这两个指标都是用来衡量企业流动资产中可以立即变为现金用于偿还负债的能力，它们反映的都是单位资产的流动性，以及快速偿还到期负债的能力和水平。一般认为，合理的最低流动比率为2%，速动比率为1%。但是由表4-9可以看出，出版上市企业的流动比率和速动比率在企业之间差距较大，2011年这些企业中流动比率最大为10.03%，最小的是0.69%，而速动比率最大为9.44%，最小值是0.61%，流动比率和速动比率过大或者过小都会对企业的偿债能力有所影响，说明出版上市企业流动资产变现用于偿还债务的能力还有待加强。

资产负债率反映在总资产中有多大比例是通过借债来筹资的，也可以衡量企业在清算时保护债权人利益的程度。对企业来说，一般认为，资产负债率的适宜水平是40-60%。从表4-9中得知，中国出版上市企业资产负债率的均值在30%左右，而且各个企业之间差异较大，资产负债率高的能达到50%，甚至将近60%，低的则在10%以下，这说明出版业还需要平衡企业的负债水平，降低财务风险。

4.3.3 营运能力分析

营运能力反映了公司资金周转的能力，对此进行分析可以了解公司的经营状况和经营者管理水平，公司的资金周转与供、产、销等各个运营环节密切相关，不论哪个环节出现问题都会不同程度地影响到公司资金的周转状况，进而会影响到公司的偿债能力。本文选用流动资产周转率、总资产周转率和存货周转率三个指标，来衡量房地产上市公司的营运能力，具体见表4-10。

表4-10　2011—2013年出版上市企业营运能力指标简表

营运能力指标	年份(年)	样本数	最大值	最小值	均值	标准差
流动资产周转率(%)	2011	13	2.02	0.45	1.03	0.45
	2012	13	1.85	0.56	1.04	0.38
	2013	13	1.54	0.65	1.02	0.33
总资产周转率(%)	2011	13	0.91	0.23	0.57	0.18
	2012	13	1.18	0.29	0.60	0.23
	2013	13	0.96	0.28	0.58	0.23
存货周转率(%)	2011	13	27.00	2.17	9.15	7.02
	2012	13	31.36	2.02	10.40	8.64
	2013	13	52.68	2.24	13.22	15.20

数据来源：笔者自行整理。

流动资产周转率指企业一定时期内主营业务收入净额同平均流动资产总额的比率，它是分析流动资产周转情况的一个综合指标，流动资产周转得快，可以节约资金，提高资金的利用效率。由表4-10可知，出版企业的流动资产周转率的均值在1左右，较为稳定，但是出版企业仍需要提高资金的使用效率。

总资产周转率是综合评价企业全部资产的经营质量和利用效率的重要指标。周转率越大，说明总资产周转越快，反映出销售能力越强。从表4-10可以看出，出版企业的均值在这三年间大约为0.5，说明这些企业还可以进一步加强销售能力和经营能力，一般来说，企业可以通过薄利多销的办法，加速资产的周转，带来利润绝对额的增加。

存货周转率是企业一定时期主营业务成本与平均存货余额的比率。用于反映存货的周转速度，即存货的流动性及存货资金占用量是否合理，促使企业在保证生产经营连续性的同时，提高资金的使用效率，增强企业的短期偿债能力。表4-10反映出出版企业的均值在10%左右，说明企业存货管理良好，资金占用量较为合理。

4.3.4 发展能力分析

发展能力是企业在生存的基础上，扩大规模、提高市场竞争力的潜在能力。本文将采用总资产增长率、净利润增长率、营业收入增长率三个指标来衡量出版业上市企业的发展能力，具体见表4-11。

表4-11　2011—2013年出版业上市企业发展能力指标简表

发展能力指标	年份	样本数	最大值	最小值	均值	标准差
总资产增长率(%)	2011	13	0.62	−0.04	0.15	0.19
	2012	13	0.20	0.02	0.12	0.05
	2013	13	1.45	0.04	0.28	0.39
净利润增长率(%)	2011	13	0.34	−0.48	0.07	0.25
	2012	13	0.32	−0.41	0.01	0.26
	2013	13	0.75	−0.46	0.17	0.28
营业收入增长率(%)	2011	13	1.23	−0.09	0.20	0.33
	2012	13	0.43	−0.15	0.13	0.17
	2013	13	0.60	−0.11	0.19	0.17

数据来源：笔者自行整理。

由表4-11可知，13家出版业上市企业的总资产增长率和净利润增长率的均值在2011—2013年大致呈现先下降后上升的趋势，而营业收入增长率的均值一直在上升，可以看出我国出版业在体制改革后发展状况良好，但是从表4-11来看，总资产增长率、净利润增长率和营业收入增长率这三个指标的最小值基本上都为负值，说明仍有一些公司需要进一步扩大规模并提高竞争力，才能在激烈的市场竞争中生存下来。

4.4　中国出版业上市企业资本结构与绩效的实证分析

通过对中国出版业上市企业资本结构现状进行分析，发现目前出版业上市公司资本结构普遍存在的问题是资产负债率低，流动负债占全部负债的比率过高，股权集中度较高，资本结构不够合理；而资本结构的选择影响着公司的绩效水平。因此，本章在之前理论分析的基础上，提出了有关资本结构和公司绩效关系的研究假设，并建立了相关模型。

4.4.1　研究假设

本文将根据现有的对于企业资本结构与绩效的理论研究提出两个假设，并将在后文中构建模型对这两个假设进行验证。

针对MM理论所提出的假设如下。

MM理论认为，公司负债有利于提高公司绩效，由于债务利息的抵税收益，负债增加会增加企业的价值。同样，Ross的信号传递理论也认为，债务融资是企业运营状况良好的信号，企业负债越高企业价值越大，资产负债率与公司绩效呈正向关系。公司负债比例的提高有利于保护债权人、加强公司治理、约束经理人的行为，并激励经营者努力工作，提高经营绩效。

H_1：出版上市企业资产负债率的提高有利于公司绩效的提高。

根据权衡理论所提出的假设如下。

权衡理论认为，公司在负债的税收利益与破产成本之间进行权衡，存在一个最优的资本结构（Bradley，Jarrell，Kim，Masulis，1984年）。现代资本结构理论则认为，公司负债在某一点之内，公司的绩效与资本结构正相关；当公司负债超过这一点时，公司的绩效与资本结构负相关，即企业存在一个最优的资本结构。当公司负债率较低时，负债带来的利益大于成本，绩效与资产负债率负相关。因此，本文的第二个假设如下所示。

H_2：出版上市企业的资产负债率会影响其经营绩效，两者存在二次曲线关系。

4.4.2 数据的来源与处理

本文将选取中国出版业上市公司作为研究对象，其主营业务以出版、发行为主，各企业年报2011—2013年的数据作为研究的总样本，样本数据资料主要来源为巨潮资讯网（www.cninfo.com）、同花顺金融服务网（www.10jq-ka.com）。为保证数据的有效性和可比性，在样本的筛选上，本文遵循如下三点原则：（1）保留只发行A股的上市公司；（2）在样本中剔除ST公司、PT公司等出现异常值的上市公司。因为如果将这些有异常情况的公司纳入样本，将极大地影响结论的可靠性和一致性；（3）为避免新股和数据不连贯的影响，剔除2011年12月31日之后上市以及数据缺失的公司。经过仔细筛选，共有13家上市公司符合要求，样本区间为2011—2013年。

通过上述筛选原则，本文从A股市场的文化与传媒行业中选取了博瑞传媒、新华传媒、粤传媒、出版传媒、时代出版、皖新传媒、中南传媒、天舟文化、中文传媒、长江传媒、凤凰传媒、浙报传媒、大地传媒这13家上市企业进行实证分析。

本文所研究的是出版企业资本结构与绩效的关系，需要从时间序列上来考虑其变动趋势，但是中国出版行业的上市公司大多上市时间较短且公司数量有限，仅使用时间序列数据或者截面数据，都难以满足实证分析的需要，也会影响研究结果的准确性。因此，本文将采用具有截面与时间序列两个维度的Panel Data模型进行实证研究，所使用的统计分析软件为Stata12.0。

4.4.3 面板数据及Stata软件简介

4.4.3.1 面板数据

时间序列数据或截面数据都是一维数据。时间序列数据是变量按时间得到的数据；截面数据是变量在固定时点的一组数据。面板数据是同时在时间和截面上取得的二维数据。所以，面板数据（panel data）也称作时间序列与截面混合数据（pooled time series and cross section data）。面板数据是截面上个体在不同时点的重复观测数据。从横截面看，面板数据是由若干个体在某一时点构成的截面观测值；从纵剖面看，每个个体都是一个时间序列。

4.4.3.2 Stata软件简介

Stata是一个用于分析和管理数据的功能强大又小巧玲珑的实用统计分析软件，在国际上非常流行，由美国计算机资源中心（Computer Resource Center）研制。Stata在问世之初（1985年）的主要功能在于统计分析和数据处理。经历了二十余年的发展，如今已经升级到第13.0版。Stata的主要功能有数据处理和绘图、统计分析和检验、回归分析、多变量模型（多元统计）、调查分析和生存分析、编程。在不断强化上述功能的同时，Stata在矩阵运算、绘图、编程等方面的功能也在不断加强。

Stata不仅可以实现诸多的统计分析方法，如单元统计、多元统计等内容；还包括了许多经典和前沿的计量模型，如单方程回归模型、离散选择模型、分位数回归、时间序列分析、面板数据分析、蒙特卡洛模拟和自举法等。用户可以通过Stata进行各种预测，包括线性预测、非线性预测、动态预测等；或者对参数和模型进行各种检验，比如似然比、Hausman 检验、Granger 因果检验、嵌套 Cox 检验等。

值得一提的是，虽然 Stata 是一个统计分析软件，但它也具有很强的程序语言功能，这给用户提供了一个广阔的开发应用的天地，用户可以充分发挥自己的聪明才智，熟练应用各种技巧，真正做到随心所欲。例如，除了 Stata 内设的 OLS、GLS、NLS、ML、TSLS、GMM 等估计方法之外，用户还可以自己设定似然估值函数进行 NLS、ML 估计和 GMM 估计，或者利用 MATA 的最优化模块进行数值最优化或者模型最优化。

4.4.4 变量设计与模型构建

4.4.4.1 变量设计

本文进行实证研究所选取的变量见表4-12。

表4-12　变量定义

变量名称	变量符号	计算方法
资产负债率	DAR	负债总额/资产总额
总资产净利润率	RTA	净利润/平均资产总额
流动资产负债率	CR	流动资产/流动负债
总资产增长率	TAGR	本年总资产增长额/年初资产总额
前五大股东持股比例	Op5	前五大股东持股比例加和
总资产的对数	InTA	总资产的对数

（1）因变量和自变量

为了研究出版业上市企业资本结构对公司绩效的影响，本文将以公司绩效为因变量，以资本结构为自变量。

资产负债率作为资本结构的度量指标，在计算过程中资产和负债的计量都采用账面价值，并用DAR表示，DAR^2表示资本结构的二次方。资产负债率是企业负债总额占企业资产总额的百分比。这个指标反映了在企业的全部资产中由债权人提供的资产所占比重的大小，反映了债权人向企业提供信贷资金的风险程度，也反映了企业举债经营的能力。

企业经营绩效用总资产净利润率来代替，变量符号为RTA。总资产净利润率是企业净利润总额与企业资产平均总额的比率，即过去所说的资金利润率。它是反映企业资产综合利用效果的指标，也是衡量企业利用债权人和所有者权益总额所取得盈利的重要指标。

（2）控制变量

本文选取了四个指标作为模型中影响因变量和自变量的控制变量。分别如下。

流动资产负债率反映了资产的流动性，用CR来表示。一般认为资产流动性对资本结构的影响具有两面性。一是资产流动性与资本结构具有正向关系，因为具有高资产流动性的公司其短期债务的支付能力也较强；资产的流动性与资本结构负相关，因为具有较多流动资产的公司可能会利用其为投资融资。

总资产增长率代表公司的成长性，该变量用TAGR表示。根据代理理论，企业的成长性与其资本结构负相关。但由于成长性高的公司多属于新兴行业，经营上的风险较大，银行和金融机构大多不愿意给予他们长期贷款支持。为了弥补资金的需求，他们只能选择短期贷款。因此，资本结构与成长性之间的关系也可能不显著或正相关。

公司的股权集中度以各个出版业上市企业前五大股东持股比例加和来衡量，Op5为变量符号。

总资产的对数代表公司规模，本文考虑到公司规模对公司绩效的影响，加入了公司规模作为变量，以总资产的自然对数来表示，变量符号为InTA。

4.4.4.2 模型构建

本文在已有的研究基础上，根据理论分析和研究假设 H_1 和 H_2，构建公司绩效的理论模型二如下。

$$RTA_{tn} = b_{01} + b_{11}DAR_{tn} + b_{21}DAR_{tn}^2 + b_{31}CR_{tn} + b_{41}TAGR_{tn} + b_{51}Op5_{tn} + b_{61}LnTA_{tn} + m_{tn}$$

其中，公司绩效（ROE）是因变量，资本结构（DAR、DAR^2）是自变量，CR、TAGR、Op5、LnTA 四个指标为控制变量，β_{n}（i=1、2、3、4、5、6）为模型回归系数，μ 是随样本个体和时间变化的残差随机扰动项。t 代表观察时间，n 代表处于不同截面的出版业上市企业，其中 t=1，2，3；n=1，2，…，13。

上述的理论模型，针对前文提出的两个假设，检验资本结构对公司绩效的影响，以及公司绩效与资本结构之间是否具有二次曲线关系。

4.4.5 实证分析过程

本节主要在前几节所提出的研究假设和理论模型的基础上，以沪、深两市的出版业上市公司为样本进行实证研究分析，以期检验中国出版上市公司的资本结构与公司绩效之间的关系。实证研究主要包括变量的描述性统计分析、相关性分析和回归分析。

4.4.5.1 变量的描述性统计

表4-13对中国出版业上市企业的绩效、资本结构、资产流动性、成长性、股权集中度，以及公司规模各个变量2011—2013年混合的最小值、最大值、平均值和标准差进行了描述。

表4-13　变量的描述性统计表格

Variable		Mean	Std. Dev.	Min	Max	Observations
企业绩效 RTA	overall	0.0722	0.0351	0.0077	0.1664	$N=39$
	between		0.0321	0.0218	0.1298	$n=13$
	within		0.0160	0.0296	0.1164	$T=3$
资本结构 DAR	overall	0.2994	0.1273	0.0853	0.5965	$N=39$
	between		0.1289	0.1142	0.5686	$n=13$
	within		0.0218	0.2487	0.3490	$T=3$
资产流动性 CR	overall	2.8550	1.8143	0.6929	10.0286	$N=39$
	between		1.7424	0.8293	7.6861	$n=13$
	within		0.6446	0.5575	5.1976	$T=3$
成长性 TAGR	overall	0.1805	0.2563	−0.0360	1.4535	$N=39$
	between		0.1552	0.0381	0.5781	$n=13$
	within		0.2070	−0.3157	1.0560	$T=3$
股权集中性 Op5	overall	0.7023	0.1234	0.3642	0.8566	$N=39$
	between		0.1186	0.3905	0.8479	$n=13$
	within		0.0436	0.5168	0.7969	$T=3$
公司规模 LnTA	overall	22.2762	1.2137	20.1742	27.8084	$N=39$
	between		1.01372	20.2209	24.4700	$n=13$
	within		0.7067	20.5558	25.6146	$T=3$

从表4-13可见，总资产净利润率的平均值为7.22%，表明我国出版业上市公司的整体绩效水平比较差。资产负债率平均值为29.94%，说明我国出版业上市公司的资产负债率偏低，远远低于美国、德国、英国等发达国家相同产业的资产负债率，原因可能是我国现阶段的资本市场发展不平衡、融资渠道不稳定等。前五大股东持股比例的均值约为70.23%，说明我国出版公司目前的股权集中程度较高。总资产增长率的均值为18.05%，说明我国的出版业上市公司尚处于温和的发展过程中。资产流动性（流动比率）的均值约为2.855，与

一般认为的最优流动比率"2"比起来偏高，表明我国出版业的流动资产相对于流动负债过剩。

4.4.5.2 皮尔逊相关性检验

皮尔逊积矩相关系数是由卡尔·皮尔逊与弗朗西斯·高尔顿在19世纪80年代提出的一个相似却又稍有不同的想法演变而来的。在统计学中，该系数用于度量两个变量X和Y之间的相关性（线性相关），其值介于-1与1之间。在自然科学领域中，该系数广泛用于度量两个变量之间的相关程度。

表4-14 皮尔逊相关系数表

	RTA	DAR	DAR^2	CR	TAGR	Op5	LnTA
RTA	1						
DAR	−0.1928	1					
DAR^2	−0.2887	0.9711	1				
CR	−0.1524	−0.7311	−0.6167	1			
TAGR	0.2797	0.1519	0.1024	−0.1902	1		
Op5	0.0818	0.1746	0.0789	0.0476	−0.0944	1	
LnTA	0.0845	0.4542	0.4002	−0.3963	0.29	0.1833	1

由皮尔逊相关系数检验得出中国出版业上市企业资本结构与绩效之间存在着相关关系，相关系数为-0.1928，资本结构的平方与绩效之间也存在着一定的相关性，相关系数为-0.2887，这两个系数都较低，在社会科学中，由于受到各种复杂多变因素的影响，较低的相关系数也能证明两者存在着相关关系。另外，由于皮尔逊相关系数是简单相关系数，在多元相关分析中，简单相关系数可能不能够真实地反映出变量X和Y之间的相关性，因为变量之间的关系很复杂，它们可能受到不止一个变量的影响，这个时候偏相关系数是一个更好的选择。所以，该系数的正负不能代表变量之间的正负相关性，具体是正相关还

是负相关需要看回归方程中得出的系数。

4.4.5.3 Panel Data模型的选择

表4-15　面板数据模型选择检验

Hausman 检验
H_0:随机效应模型 H_1:固定效应模型
chi2(6) = 42.68 Prob>chi2 = 0.0000
拒绝 H_0
选择固定效应模型

采用面板数据建立模型通常面临着模型类型的选取，是选择固定效应模型还是随机效应模型。表4-15显示通过模型选择的Hausman检验，得出应该拒绝 H_0 的结论，所以面板数据回归模型应该选择固定效应模型。

结合实际情况来说，在Panel Data模型的背景下，由于本文建立的仅是针对中国出版行业的计量模型，运用的也只是中国各个出版业上市公司的数据资料，在进行实证分析和研究的过程中，选取的研究样本几乎包括了中国所有的A股出版业上市企业，而且该样本的时间序列比较短（2011—2013年），考虑到影响公司绩效和资本结构的因素有很多，本文只是选取了其中最关键的因素作为控制变量，而忽略了很多潜在的影响因素，没有考虑进去的变量也有可能会对模型产生影响，故本文选择固定效应模型进行分析，全部数据分析使用Stata12.0。

4.4.5.4 样本回归分析——固定效应模型

使用Stata12.0软件，采用固定效应模型对面板数据所构建的模型进行回归分析。

表4-16　中国出版上市企业公司绩效影响因素实证分析

RTA	Coefficient	Std.Eorror	t-Statistic	Prob.
DAR	1.343231	0.509404	2.64	0.016
DAR^2	−1.924703	0.6549359	−2.94	0.008
CR	0.018379	0.0065008	2.83	0.010
TAGR	−0.0166731	0.0129286	1.29	0.212
Op5	0.1823284	0.0589481	3.09	0.006
LnTA	−0.001548	0.0033521	−0.46	0.649
_cons	−0.2700197	0.1224476	−2.21	0.039

模型参数:

$F_{(12, 20)} = 11.49$　　　Prob > F = 0.0000

R-sq: within = 0.6134

　　　between = 0.0212

　　　overall = 0.0449

由F检验得该面板数据模型对样本数据的拟合在统计上有意义，回归方程是有效的。

通过模型参数可以看出，该固定效应模型的拟合优度为61.34%，由于本文只研究资本结构对公司绩效的影响，并不是研究公司绩效的所有影响因素，所以不太高的拟合优度是合理的。

因此，在5%的显著性水平下，加入资产负债率的平方这个变量之后，公司绩效的估计结果为:

$$RTA_{tn} = -0.2700197 + 1.343231DAR_{tn} - 1.924703D^2AR_{tn}^2 - 0.018379CR_{tn}$$
$$-0.0166731TAGR_{tn} + 0.1823284Op5_{tn} - 0.001548LnTA_{tn} + m_{tn}$$

4.4.5.5 模型检验

表4-17 实证分析回归检验

检验	序列相关检验	截面间异方差检验
假设	H_0:不存在一阶线性相关 H_1:存在一阶线性相关	H_0: sigma(i)^2 = sigma^2 for all i
结果	F(1, 12) = 10.989 Prob > F = 0.0062	chi2 (13) = 1.2e+06 Prob>chi2 = 0.0000
结论	存在一阶线性相关	存在截面间异方差

存在一阶序列相关说明，所选取的样本中，不同出版企业的绩效水平存在一定的相关性，截面间存在显著的异方差说明不同企业间个体差异比较显著，不同公司在同一时期的绩效水平具有相关性。表4-17表明模型通过了序列相关检验和截面间异方差检验，固定效应模型成立。

4.4.6 实证结果分析

本文采用中国A股市场出版类上市企业2011—2013三年的数据研究资本结构与公司绩效的相互关系。结合本章第一节提出的假设得出的主要研究结论如下。

模型中资本结构对公司绩效影响的面板数据回归结果表明，资本结构在5%的显著性水平上与公司绩效正相关，这意味着中国出版业上市公司绩效随着资产负债率的增加会增加。这一结论与假设一正好吻合，出版上市企业资产负债率的提高有利于公司绩效的提高，所以假设一成立。

另外，模型中加入了资本结构的二次方这一变量，而公司绩效的面板数据回归结果表明，在5%的显著性水平上，出版业上市公司的资产负债率不仅会影响经营绩效，并且两者存在二次曲线关系，这一结论使得假设二成立，回归模型所得出的资本结构的二次方的系数为负，可以进一步说明存在最优的资本结构，使得公司绩效达到最高。

总之，本文通过面板数据回归模型的建立，发现中国出版业上市公司的资本结构影响公司绩效变动，该变动是正向的，并且存在最优的资本结构使得公司绩效最大化。该结论对中国出版业上市公司资本结构的合理化，以及公司绩效的提高有一定的启示作用。

4.5 存在的问题与政策性建议

4.5.1 中国出版业上市公司资本结构存在的问题

（1）资产负债比率水平偏低。中国出版业上市公司资产负债率普遍偏低，说明企业未充分利用财务杠杆，资金利用率较低，也进一步表明企业的举债潜力很强，从侧面反映了我国出版业上市公司的资本结构不是很合理。资产负债比例不协调会使得企业难以适应多变的市场环境，增加了上市企业在市场运营的风险。

（2）负债结构不合理，流动负债水平过高。我国出版业上市公司负债中流动负债占负债总额的比例过高。一般流动负债占总负债的一半较为合理，过高的流动负债将导致企业在金融市场环境变化时，容易出现资金周转困难的现象，而出版业上市企业2011—2013年流动负债占全部负债的平均值几乎都在80-90%，这种现象可能是由中国特殊的制度和出版公司自身的特点所造成的。这也说明我国出版业上市公司的净现金流量不足，公司需要通过短期债务来保证正常的运营。偏高的流动负债水平增加了上市公司的信用风险和流动性风险，构成了公司经营的潜在威胁。

（3）经研究发现，中国出版业上市公司股权集中度较高，同时，公司的股权集中度呈现出一定程度上的趋同性，各个公司之间的差异不大。企业的股权结构对其治理结构存在很大的影响。前几大股东掌握了其他股东无法与之抗衡的股份，形成了对企业的绝对控制。在这样的企业中出现的代理问题除了通常存在于股东与经理人之间的代理问题之外，还有企业的大股东与小股东之间的代理问题。

本文的研究结论只局限于出版业，并不代表我国所有行业都符合上述研究结论。

4.5.2 本章小结及相关建议

20世纪90年代中期，中国出版体制改革之后，我国出版业上市公司开始陆续进入股票市场。由于我国出版企业的发展具有其特殊性，其独特的政治、文化功能和资本结构特性，使得对出版业上市公司的研究十分必要。本章从资本结构的理论入手，重点研究了我国出版业上市资本结构与公司绩效的关系，实证结果表明，资本结构与公司绩效存在着正向关系。本章以13家A股出版业上市公司为研究样本进行实证研究，得出的主要研究结论如下。

（1）中国出版业上市公司资产负债率普遍偏低，负债中流动负债占负债总额的比例过高，股权集中度较高。

（2）本文通过面板数据回归模型的建立，发现中国出版业上市公司的资本结构影响公司绩效变动，该变动是正向的，并且存在最优的资本结构使得公司绩效最大化。该结论对中国出版业上市公司资本结构的合理化，以及公司绩效的提高有一定的启示作用。

虽然本章的研究取得了一些初步成果，但是由于研究条件和本人研究水平有限，本文的研究还存在一定的缺陷和不足。一方面，本文只分别选用了一个指标来代替出版业上市企业的资本结构与公司绩效，而事实上，可以用来衡量上市公司资本结构与绩效的指标有很多，只用一个变量来代替会使得回归模型不够全面与准确；另一方面，所采用的变量以财务数据为主，而财务数据通常会受到数据本身准确性和可靠性程度的影响。

"中国出版业上市公司绩效与资本结构是相互影响的"这一结论，不仅有利于正确推断出版业上市企业近年资本结构形成和变动的原因，而且对选择合理的出版业上市公司资本结构，进而提高公司绩效都有着重要启示。对此，我们提出以下四点优化中国出版业上市企业资本结构的政策性建议。

（1）注重融资方式的选择，优化资本结构。一般来说，企业在选择融资方式时主要考虑两个问题：第一个问题是融资成本，公司会偏向于选择成本较低的融资方式；第二个问题是优化资本结构，企业应该调整股权融资和债权融资的比例，实现企业价值最大化。通过第三章对出版企业资本结构的分析，我们可以看出，出版业上市公司流通股占总股本的比例有了明显的提高，股权流动性越来越强；负债融资中偏好短期负债融资。同样，通过对第四章面板数据的回归分析，我们知道资产负债率与公司绩效正相关，流动资产负债率与公司绩效负相关，说明提高出版公司的资产负债率有利于提高公司绩效，同样，降低负债当中的流动负债也有利于提高公司绩效。因此，从公司成本节约和资本结构优化两个角度来看，出版公司应该适当增加债务融资比重，充分利用财务杠杆，加强债务融资在出版业上市公司治理中的作用，在加强债务融资的同时应当减少公司负债中的流动负债比重，增加长期负债比重。

（2）出版业上市企业可以通过引进吸收先进技术和管理经验，来提高公司的盈利能力。公司业绩是股票市场利润的根本源泉，单纯的资金转移不会带来利润，上市公司只有合理使用资金创造利润，才能带动公司的发展、提高公司的价值。出版业上市公司也不例外，只有将融通来的资金投入生产经营领域，引进先进的技术和管理经验，创造良好的业绩，才能持续发展。

（3）国家应为出版企业融资提供良好的政策环境。作为外部效应比较强的行业，出版业的经营活动往往涉及精神文明的各个方面，因此具有较浓的政治属性和文化属性。与其他产业相比，出版业也负有重要的社会责任，受国家相关政策的局限较大。目前，因为社会资金和境外资金都难以进入出版核心业务环节，所以造成中国出版业融资渠道比较单一。因此，国家应适当调整中国出版业投融资政策，分类、分环节、分层次地逐渐开放出版业，让出版企业更容易得到外资和社会资金，改善资本结构，逐步形成以公有制为主体、多种所有制共同发展的出版产业格局，从根本上提高我国出版企业的整体实力和竞争力。

（4）创造良好的公司治理宏观环境。首先，建立现代企业制度，使企业成为自主经营、自负盈亏、自我发展的主体，这一点对于处于改制状态中的出版企业是十分重要的，这同时可以加快出版企业改变以往政企不分的状况，在生产经营中可以根据环境和自身的变化进行调整，提高企业经济效益。其次，完善相应的法律法规体系，尤其是投资主体的法律保护体系。由于我国出版企业政治性强，企业的经营活动受政治的影响较大，许多私人投资者和外国投资者为了避免这种政治风险，不对这类企业进行投资。因此，必须建立起完善的法律体系，保护个人投资者和外国投资者的利益。最后，健全破产机制。破产机制是债权机制（负债融资治理效应）产生效应的前提和基础。破产机制的存在不仅有利于提高经理人员的经营动力，而且在企业经营绩效很差的情况下，企业可以选择破产，避免继续经营带来的无效率运营。因此，健全我国的企业破产机制有利于出版上市企业合理利用负债融资，发挥负债的治理效应，提高公司绩效。

第5章 我国新闻出版企业融资效率评价及实证分析

5.1 融资效率评价方法综述

5.1.1 模糊综合评价法

模糊综合评价法是以模糊数学为基础的评价方法，该方法利用模糊数学中的隶属度理论，把不能量化的定性评价转为可以进行量化的定量评价。运用该方法进行评价，所得到的是对某个对象的总体评价，适用于解决那些非确定性的、难以量化的问题。[1]

利用模糊综合评价方法评价企业融资效率的主要特点是使用很多指标构成指标体系去展现企业融资后的绩效。使用这种方法能够克服其他方法指标数量少、缺乏有效性的缺点。[2]

如肖科、夏婷运用模糊综合评判的方法，建立了企业融资效率评价的数学模型；结合湖北省中小企业融资的实际情况，选取六个因素（融资期限、融资成本、融资风险、资金使用的自由度、资金的到位率、融资主体自由度）对五种典型的湖北省中小企业融资方式（企业积累、股票融资、债券融资、银行借款、民间借贷）进行单因素比较分析。在此基础上，对这五种融资方式的融资效率进行模糊综合评价，并对它们的融资效率进行排序。[3]

祝建军、蒲云、胡敏杰在分析当前我国物流企业融资现状的基础上，阐述了物流企业融资效率评价的目的和方法，并提出对物流企业融资效率评价的五个评价因素，运用模糊综合评价法，对我国物流企业不同融资方式的效率进行评价，得出当前五种融资方式的融资效率由高到低的顺序分别为：内源融资、融资租赁、民间借贷融资、债权融资、资本融资。[4]

庞仙君依据安康中小企业融资的实际情况，选取8个因素构成中小企业融资效率模糊评价的因素集，通过构建中小企业融资效率模糊综合评价模型，对安康中小企业融资效率进行实证研究，试图找到一种有效的融资渠道。结果发现:根据最大隶属度原则，安康中小企业融资模式的效率排行为：自我积累>政府扶持资金>银行贷款>民间借贷>债券融资。[5]

吴艳丽运用模糊综合评价法对我国中小企业融资效率进行了分析，通过分析可知，我国中小企业资金应严格按照自由融资顺序融通，即应尽量优先运用内部留成来满足企业资金的需要，其次再考虑外部融资方式（债权融资、股权融资）。切不可因贪图眼前利益而本末倒置，否则很可能会降低企业融资效率，限制企业的发展。[6]

这种方法的缺点在于，由于模糊综合评价方法需要对权重进行专家打分等方法赋值，带有一定的主观性，使得评价结果可能会偏离现实。另外，各个指标之间的重要性差异也会影响评价结果的公正性。

5.1.2　资本成本比较法

融资效率的资本成本比较法是通过计算不同资本结构（或筹资方案）的加权平均资本成本，来比较不同融资结构的优劣与取舍。即将不同融资结构的平均资本成本率的数值进行比较，其中加权平均成本率最小的融资结构就是最佳的资本结构，是首选的方案。

资本成本比较法，也是学术界较为常见的一种融资效率评价方法。该方法能够将每一种融资方式的融资成本进行量化，并通过不同融资方式间融资成本的比较，来确定最佳的融资结构。如魏鹏举（2008年）对长期借款融资、债券融资以股权融资等融资方式的资本成本率公式进行了推导，并通过具体的实证分析，确定了企业最优的融资方案。[7]

肖劲（2003年）通过分析，认为企业的资本成本率应采用加权平均资本成本法进行计算，并对企业融资效率公式进行了改进，即：融资效率=投资报酬率/资本成本率。但从现有研究来看，以资本成本比较法来对企业融资效率进行比较评价，虽然反映了融资成本对于融资效率的影响，但却未能体现融得资金的使用效率，忽视了融资问题的本质，违背了"筹投结合、以投定筹"的原则。[8]

5.1.3 数据包络分析法

数据包络分析方法，即（Data Envelopment Analysis，DEA），是在1978年由著名运筹学家 A.Charnes 和 W.W.Cooper 等人提出的一种崭新的效率评价方法，用来测度特定市场中决策单元投入与产出的相对效率。[9]它把单输入、单输出的工程效率概念推广到多输入、多输出同类决策单元（decision making unit，DMU）的有效性评价中，极大地丰富了微观经济中的生产函数理论及其应用技术，同时在避免主观因素、简化算法、减少误差等方面有着不可低估的优越性。

从经济学中的生产有效性分析角度看，该模型是用来评价具有多输入特别是多输出的决策单元同时为"技术有效"和"规模有效"的十分理想且卓有成效的模型和方法。DEA从最有利于决策单元的角度进行评价，注重对每一个决策单元的优化，能够指出有关指标的调整方向。[10]

目前运用数据包络分析法对融资效率进行研究的文献大体可归为两类。

一是应用数据包络分析法对产业融资效率的分析。以总资产、流通股比率和资产负债率等指标作为输入变量，以净资产收益率、托宾Q值以及营业收入增长率作为输出变量进行分析。如田世康运用数据包络分析方法，对2006—2007年20家房地产上市公司的股权融资或再融资效率进行综合评价，研究结果显示：我国房地产上市公司股权融资效率整体不高，投入超额现象明显，非流动股比例小的上市公司多为DEA有效。最后，对非DEA有效的上市公司通过投影分析调整了原决策单元，指出了达到DEA有效的途径，并提出了改进股权融资效率的建议。作者认为，可以通过改善股权结构、选择有效的股权融资方式、追求多元化的融资方式来提高企业融资效率。[11]

二是应用数据包络分析法对企业融资效率的分析。以企业员工人数、经营时间、固定资产规模、机构持股比例、财务费用率、利息费用以及营业费用等指标作为输入变量，以息税前利润、主营业务收入增长率等为输出变量，进行数据包络分析，如刘力昌、冯根福、张道宏、毛红霞运用数据包络分析方法，以沪市1998年初次发行股票的47家上市公司为研究对象，对中国股权融资效率进行综合评价，研究结果为68.09%的上市公司股权融资效率不能达到技术与规模同时有效，59.57%的上市公司股权融资效率既不能达到规模有效，又不能达到技术有效，我国上市公司股权融资效率总体呈低效状态。47家上市公司中，信息技术行业配置效率较高，而公用事业和健康护理行业配置效率低。文章还提出了上市公司提高股权融资效率的途径。[12]

相比较而言，运用数据包络分析法对融资效率进行分析，一方面可以以决策单元各输入输出的权重为变量，从而避免了确定各指标在优先意义下的权重；另一方面该方法排除了很多主观性，具有很强的客观性。因此，本文将选取数据包络分析法（DEA）对出版传媒企业融资效率进行评价。

5.2 出版传媒上市企业融资效率实证分析

5.2.1 评价指标的选取

5.2.1.1 评价指标选取的原则

如何科学合理选择投入与产出变量指标是运用DEA方法的关键。由于影响出版企业融资效率的因素很多，因而在选取投入产出变量的指标中我们必须遵守一定的原则。

（1）选取的变量要适中。在选取变量的过程中，我们必须选择适量的变量。因为选取的变量太多，容易造成过多DMU的效率值为1；选择的变量太少，就无法有效地反映出版企业融资的真实效率。因此选取的变量过多或过少，都会造成评价结果的不准确，DEA方法要求评价的样本数是输入输出指标之和的2-3倍。

（2）选取的变量要科学合理。只有选取的变量科学合理，测算的效率值才能真实地反映各企业的融资效率情况。因而在选取变量时，应把完全互补或者完全替代的指标变量纳入同类指标变量中，异类指标变量之间无完全互补或者完全替代的关系。

5.2.1.2 评价指标的确定

运用DEA方法对融资效率进行测度的关键在于评价指标的合理定义，因此，应根据出版企业的特性来合理确定融资效率评价的投入和产出指标。结合前文关于融资效率实证研究成果，本文在确定出版企业融资效率评价指标时，主要依据以下几个原则：一是要体现出文化企业与一般企业的不同之处，即高风险、高投入、高增长和高收益的特性；二是要兼顾融资效率的两个层面，即筹资效率与资金使用效率的统一。基于此，本文选取如下的输入和输出指标，具体算法见表5-1。

1）投入指标

（1）资产总额（x_1）。资产总额是指某一经济实体拥有或控制的、能够带来经济利益的全部资产。该指标从总体上反映了文化企业的融资规模，是企业进行资金经营的基础。

（2）主营业务成本（x_2）。该指标决定了利润的大小，表明对资产的运用能力以及对获得资金的使用方式。

（3）资产负债率（x_3）。资产负债率又称财务杠杆系数，是指公司年末的负债总额同资产总额的比率，该指标反映了企业资本结构的合理性，也反映了企业资本结构对企业价值的影响，可以将其看成企业债务融资的风险性指标。

2）输出指标

（1）净资产收益率（y_1）。该指标反映了企业自有资本的运用效率，是衡量上市公司盈利能力的重要指标，它表明了投资者每投资一元钱所能获得的净收益，企业的净资产收益率越高，表明企业投资带来的收益就越高，获利能力就越强。

（2）主营业务增长率（y_2）。该指标是指企业本年主营业收入总额同上年主营业收入总额差值的比率，是评价企业成长状况和发展能力的重要指标，营业收入增长率越高，表明企业融资后的成长性越好，经营效率也就越好。

（3）托宾Q值（y_3）。该指标反映股权融资的配置效率，托宾Q值=总市价/重置价值，由于公司重置价值需通过评估才能获取，因此，用公司净资产价值代替重置价值。

具体数据见表5-2。

表5-1 投入产出指标说明

指标名称	计算方法	指标说明
资产总额	资产总额	资产规模
主营业务成本	主营业务总额	对获得资金的使用方式
资产负债率	总负债/总资产	融资结构
净资产收益率	(净利润/净资产总额)×100%	企业盈利能力
主营业务增长率	当年主营业务收入-上年主营业务收入/上年主营业务收入)×100%	企业发展能力
托宾Q值	公司的市场价值/资产重置成本	企业价值成长能力

表5-2 投入产出指标数据

企业	资产总额 x_1(万元)	主营业务成本 x_2(万元)	资产负债率 x_3	净资产收益率 y_1	主营业务收入增长率 y_2	托宾Q值 y_3
新华传媒	620308.00	121584.00	1.68	0.02	0.03	3.29
长江传媒	637758.00	294374.00	3.49	0.08	0.21	2.30
天舟文化	63860.00	23420.00	6.88	0.04	0.17	7.04
粤传媒	429277.00	99988.00	9.69	0.08	−0.11	2.64
大地传媒	293366.00	227386.00	3.30	0.14	0.27	2.43
出版传媒	261234.00	100874.00	3.04	0.04	0.05	2.05
皖新传媒	624929.00	335437.00	3.96	0.13	0.26	2.26
时代出版	546741.00	364874.00	2.77	0.10	0.38	3.10
博瑞传播	483738.00	78112.00	4.78	0.15	0.12	4.12
凤凰传媒	1449666.00	454917.00	3.27	0.09	0.09	2.07
中文传媒	1194098.00	962691.00	2.06	0.11	0.14	2.27
浙报传媒	656217.00	122374.00	2.77	0.12	0.60	3.55
中南传媒	1301261.00	488102.00	3.68	0.12	0.16	2.43

5.2.2　基于DEA方法的出版传媒企业融资效率评价

5.2.2.1　选取模型

假设有 n 个决策（Decision Making Units，DMU），每个决策单元都有 m 种类型"输入"（表示该决策单元对"资源"的耗费）以及 s 种类型"输出"（表示该决策单元在消耗了"资源"之后表明"成效"的指标）。X_{ij} 表示第 j 个决策单元对第 i 种输入的投入量；Y_{rj} 表示第 j 个决策单元对第 r 种输出的产出量；V_i 表示第 i 种类型输入的一种度量，权系数；U_r 表示对第 r 种输出的一种度量，权系数，其中，$i=1，2，3，\cdots，m$；$r=1，2，3，\cdots，s$；$j=1，2，3，\cdots，n$。因此投入可以表示为：$X_j=(X_{1j}，X_{2j}，X_{mj})^T$；产出可以表示为：$Y_j=(Y_{1j}，Y_{2j}，Y_{sj})^T$；设投入、产出指标的权向量分别为：$V=(V_1，V_2，V_m)^T$，$U=(U_1，U_2，U_s)^T$。第 j_0 个决策单元的相对效率优化评价模型为：

$$
\begin{cases}
\max h_{jo} = \dfrac{\sum\limits_{r=1}^{s} u_r y_{rj0}}{\sum\limits_{i=1}^{m} v_i x_{ij0}} \\[4mm]
(j=1,2,\ldots n；\ u \ge 0, v \ge 0) \\[4mm]
s.t. \dfrac{\sum\limits_{r=1}^{s} u_r y}{\sum\limits_{i=1}^{m} v_i x_{ij}} \le 1
\end{cases}
$$

可建立具有非阿基米德无穷小 ε 的 C2R 模型：

$$\begin{cases} \min\left[\theta - \varepsilon(\sum_{j=1}^{m} s^- + \sum_{j=1}^{r} s+)\right] = vd(\varepsilon) \\ \sum_{j=1}^{n} x_j \lambda_j + s^- = \theta x_0 \\ \sum_{j=1}^{n} x_j \lambda_j - s^+ = y_0 \\ \lambda_j \geq 0 \\ s^+ \geq 0, s^- \geq 0 \end{cases}$$

其中，θ 为该评价决策单元 DMU j_0 的有效值，也可以理解为 DMU j_0 投入向量的"压缩系数"；λ_j 是输入输出指标的权系数；m 和 s 分别表示输入和输出指标的个数；x_{ij} 和 y_{rj} 第 j_0 个 DMU 的第 i 项输入和第 r 项输出；s_i^- 和 s_r^+ 分别为松弛变量；e 为非阿基米德无穷小，一般取 10^{-6}。

5.2.2.2 DEA 的有效性判定和经济解释

CCR 模型是同时针对 DMU 规模有效和技术有效而言的/综合有效 0，假设最优解为 θ^*、t^*、s^{*-}、s^{*+}，其有效判定和经济解释如下。

（1）$\theta^* = 1$，$s^{*-} = 0$，$s^{*+} = 0$，则称决策单元 DMU j_0 为 CCR 模型下 DEA 有效，表明该决策单元为综合有效，即同时为规模效益不变和技术效率最佳，不存在"超量"投入和"亏量"产出；

（2）$\theta^* = 1$，$s^{*-} > 0$，$s^{*+} > 0$，则称决策单元 DMU j_0 为 CCR 模型下 DEA 弱有效，虽然投入已无须等比压缩，但某些方面存在"超量"投入或"亏量"产出。

（3）$\theta^* < 1$，则称决策单元 DMU j_0 为 CCR 模型下非 DEA 有效。

5.2.2.3 融资效率分析

将 13 家出版传媒企业 2013 年的各指标数据整理后，利用 Matlab7.10 软件编程，计算结果见表 5-3。

表 5-3　CCR 运算结果

DMU	θ	松弛变量						是否有效
		s_1^{-*}	s_2^{-*}	s_3^{-*}	s_1^{+*}	s_2^{+*}	s_3^{+*}	
新华传媒	1.0000	2.3651	0.4534	0.0000	0.0000	0.0001	0.0000	弱有效
长江传媒	0.5982	0.7381	1.8395	0.0000	0.0000	0.1021	0.0000	非有效
天舟文化	1.0000	0.0000	0.0000	0.0000	0.0000	0.0000	0.0000	有效
粤传媒	0.5133	0.0000	0.0000	0.0000	0.0000	0.2440	2.1172	非有效
大地传媒	1.0000	0.0000	0.0000	0.0000	0.0000	0.0000	0.0000	有效
出版传媒	0.6359	0.0000	1.7899	0.0000	0.0000	0.1113	0.0000	非有效
皖新传媒	0.7583	0.6416	0.6464	0.0000	0.0000	0.0956	0.4672	非有效
时代出版	1.0000	0.0000	0.6724	0.0000	0.0000	0.0003	0.0000	弱有效
博瑞传播	1.0000	0.0000	0.0000	0.0000	0.0000	0.0000	0.0000	有效
凤凰传媒	0.9850	9.6696	0.0000	0.0000	0.0000	0.0103	0.0144	非有效
中文传媒	1.0000	4.0776	4.7209	0.0000	0.0000	0.0016	0.0036	弱有效
浙报传媒	1.0000	0.0000	0.0000	0.0000	0.0000	0.0000	0.0000	有效
中南传媒	0.8281	5.0167	0.0000	0.0000	0.0000	0.2464	0.0144	非有效
平均值	0.8707	1.7314	0.7787	0.0000	0.0000	0.0624	0.2013	

注：s_1^{-*}、s_2^{-*}、s_3^{-*} 分别为三个投入指标总资产、主营业务成本和资产负债率的冗余值；s_1^{+*}、s_2^{+*}、s_3^{+*} 分别为三个输出指标净资产收益率、主营业务增长率和托宾 Q 值的冗余值。

从表 5-3 的结果来看，这 13 家出版传媒企业中，有 4 家企业的综合技术效率值为 1，即这 4 家企业的融资效率是 DEA 有效状态，占样本总数的 30.77%。

并且这些企业的有关松弛变量均为0，表明这5家企业既不存在超量"投入"，也不存在"亏量"产出。而其余9家企业的综合技术效率值小于1或等于1，但这些企业松弛变量均不为0，表明这9家企业或存在投入冗余，或存在产出不足，这9家企业在此参考集内处于DEA无效状态。无效企业数占样本总数的69.23%。

因此，从总体上看，出版传媒企业的融资效率普遍偏低，这表明文化产业整体资金利用效果不佳，在资金融入受限的情况下，企业资金未能实现有效的利用。

从投入指标来看，三个投入指标资产总额（x_1）、主营业务成本（x_2）、资产负债率（x_3）的平均冗余值分别为1.7314、0.7787和0。对运算的投入的冗余结果大小进行排序，即：

资产总额>主营业务成本>资产负债率

冗余程度反映了对融资效率影响的大小。这表明在现有产出水平下，出版企业的整体资产负债率指标不存在投入过多的现象，而总资产指标、主营业务成本指标存在投入过多的现象。相比较而言，资产总额指标冗余值在三个投入指标中最高。这说明从整体上来看，出版传媒企业的融资规模较小。因而资产总额是影响我国出版传媒企业融资效率最重要的一个因素。控制好资产总额的投入是解决房地产公司融资效率低下的一个重要措施。

从产出指标来看，三个产出指标净资产收益率（y_1）、主营业务增长率（y_2）、托宾Q值（y_3）的平均冗余值分别为0、0.0624和0.2013。这表明在现有投入水平下，出版传媒企业的整体净资产收益率正常，但主营业务收入增长率指标以及托宾Q值指标偏低，都应进一步提高。但相比较而言，托宾Q值的冗余值在三个产出指标中最高。这说明从整体上来看，出版传媒企业的企业价值成长能力较弱。

因此，我国出版传媒企业的融资结构相对合理，并且具有良好的盈利能力。但是从总体上来看，出版传媒企业融资的综合效率不高，并且普遍存在融资规模较小、资金使用方式不合理，以及企业融资的发展能力较差、价值成长能力不佳等现象。

5.2.2.4　融资效率趋势分析

出版传媒企业的融资效率会随着企业外部环境及企业自身的战略决策而变化，随着时间的推移呈现出动态的变化过程。出版企业 2011—2012 年的融资效率数据如表 5-4 所示。对比 2011—2013 企业融资效率趋势，如图 5-1 所示。

表 5-4　2011—2012 年出版传媒企业融资效率

企业	2012年				2011年			
	θ	s^{*-}	s^{*+}	是否有效	θ	s^{*-}	s^{*+}	是否有效
新华传媒	0.9961	0.5208	0.0050	非有效	0.9965	0.5484	0.0066	非有效
长江传媒	1.0000	0.0000	0.0000	有效	0.6970	0.6307	0.0148	非有效
天舟文化	1.0000	0.0000	0.0000	有效	1.0000	0.0000	0.0000	有效
粤传媒	0.2886	0.1085	0.0301	非有效	0.9846	0.6173	0.0244	非有效
大地传媒	1.0000	0.0000	0.0000	有效	0.7026	1.0719	0.1836	非有效
出版传媒	0.5845	0.5608	0.1833	非有效	0.5178	0.2253	0.0889	非有效
皖新传媒	0.5530	0.1851	0.1508	非有效	0.3763	0.3412	0.0027	非有效
时代出版	0.8384	0.0000	0.4537	非有效	0.8682	1.4900	0.6786	非有效
博瑞传播	0.7669	4.2208	0.0945	非有效	0.9963	0.4920	0.0547	非有效
凤凰传媒	0.9854	0.7489	0.0029	非有效	0.9645	0.8738	0.0000	非有效
中文传媒	1.0000	1.5728	0.0071	弱有效	1.0000	0.4217	0.0046	弱有效
浙报传媒	1.0000	0.0000	0.0000	有效	1.0000	0.0000	0.0000	有效
中南传媒	0.9088	0.7049	1.8487	非有效	0.9945	0.4919	0.0309	非有效

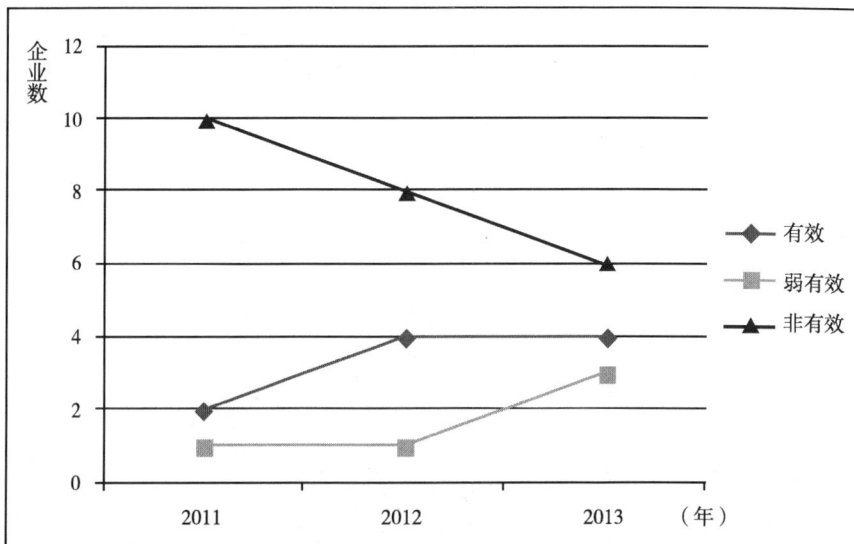

图5-1　2011—2013年出版企业融资效率变化趋势

　　从整体变化趋势上看，融资效率有效的企业数在2011—2012年期间从2家增长至4家，其中天舟文化和浙报传媒在这三年中均保持融资效率有效，大地传媒在2012—2013年的融资效率均保持有效；融资效率弱有效的企业数在2012—2013年从1家增长至3家，其中中文传媒在这三年中均保持融资效率弱有效；融资效率无效的企业数目从2011年的10家逐年递减至2013年的6家，所占比重从76.9%下降到46.2%。说明我国出版传媒企业融资效率连续三年保持稳定增长，但融资有效率仍然相对偏低。

　　整体来看，我国出版企业2011—2013年的融资效率综合水平稳步提升，但从单一指标水平的比较来看，部分指标的冗余值却大幅增长，详细数据见表5-5。

表5-5　2011—2013年出版企业融资效率单一指标平均值

年份	θ	s_1^*	s_2^*	s_3^*	s_1^{+*}	s_2^{+*}	s_3^{+*}
2011	0.8537	0.5046	0.1183	0	0.0041	0.0047	0.1957
2012	0.8401	0.4087	0.098	0	0.0163	0.0125	0.0551
2013	0.8707	1.7314	0.7787	0	0	0.0624	0.2013

（1）资产总额（x_1）的比较

在资产总额指标冗余值（s_1^*）上，相比较2011—2012年的平均值，2013出版企业的平均大幅度增长，相比2012年数值翻了近4倍。总资产指标能够从总体上反映文化企业的融资规模情况。因此，从输出结果来看，在现有产出水平上，我国出版企业2013年的融资规模大幅下降。

（2）主营业务成本（x_2）的比较

在主营业务成本指标冗余值（s_2^*）上，同资产总额冗余值一样，该指标表示平均冗余值在2013年大幅增长，在现有资金筹集规模上，企业未能正确使用资金。

（3）营业收入增长率（y_2）

在营业收入增长率冗余值（s_2^{+*}）上，2013年出版企业主营业务收入增长率平均冗余值有所增长，而营业收入增长率指标是评价企业成长状况和发展能力的重要指标，该指标存在冗余值，意味着在现有投入水平上，企业的营业收入增长率是不足的。

综上所述，2011—2013年我国出版传媒企业融资效率水平整体有所提高，达融资效率有效的企业数也逐步增加，但部分单一指标例如资产总额、主营业务成本等冗余值大幅增加，其主要原因是个别企业的重大投融资决策，影响本企业的单个指标值，从而影响了出版行业整体平均值。例如，凤凰传媒在2013年的资产总额冗余值高达9.6696，仅凤凰传媒一家企业就将行业平均冗余值提高了82.4%。从凤凰传媒2013年年报中可以看出，该企业在2013年大量收购江苏新华印刷厂持有的江苏凤凰盐城印刷有限公司等公司的股权。

参考文献

[1] 秦培刚. 我国房地产企业融资效率评价研究——以房地产上市公司为例[D]. 西北农林科技大学,2012.

[2] 刘苹. 我国高新技术企业股权融资效率的 DEA 实证研究[D]. 华侨大学,2013.

[3] 肖科,夏婷湖. 北中小企业融资效率的模糊综合评价[J]. 武汉金融,2006(7).

[4] 祝建军,蒲云,胡敏杰. 基于模糊综合评价的物流企业融资效率研究[J]. 经济经纬,2006(5).

[5] 庞仙君. 安康中小企业融资效率研究——基于模糊综合评价法[J]. 现代管理科学,2013(8).

[6] 吴艳丽. 模糊综合评价方法在中小企业融资效率评价中的应用[J]. 学理论,2011(9).

[7] 魏鹏举. 我国文化产业的融资环境与模式分析[J]. 同济大学学报(社会科学版),2010(5).

[8] 肖劲,马亚军. 企业融资效率及理论分析框架[J]. 财经科学,2004(S1).

[9] 王艺瑾. 我国创业板上市公司股权融资效率研究[D]. 吉林财经大学,2012.

[10] 同[1].

[11] 田世康. 基于 DEA 模型的房地产上市公司股权融资效率评价[J]. 西部金融,2012(3).

[12] 刘力昌,冯根福,张道宏,毛红霞. 基于 DEA 的上市公司股权融资效率评价[J]. 系统工程,2004(1).

第6章　我国新闻出版企业并购融资与支付研究

6.1 并购融资

作为一种重要的经济行为，并购在优化企业存量资产配置，提高资产使用效率，增强企业竞争实力等方面作用突出，从而成为助推企业成长的一种重要且普遍的方式。诺贝尔经济学奖获得者乔治·斯蒂格勒对此有过精辟的描述："一个企业通过兼并其竞争对手的途径成为巨型企业是现代经济史上的一个突出现象"，"没有一个美国大公司不是通过某种程度、某种方式的兼并而成长起来，几乎没有一家大公司主要靠内部扩张成长起来。"综观时代华纳、迪士尼、贝塔斯曼等重要媒体集团的成长轨迹，就可以清楚地发现其通过并购获取所需资源，整合产业链，提升竞争优势，从而不断调整企业边界至最优状态。

基于我国新闻出版业资源配置的历史和现实，在新闻出版业"十二五"时期发展规划中，明确提出要进一步培育新闻出版骨干企业，鼓励有条件的新闻出版企业跨区域、跨行业、跨所有制经营和重组，推动新闻出版资源适度向优势企业集中。随着新闻出版企业市场主体地位的逐步确立，特别是经过集团化改造、上市之后，新闻出版企业间的并购重组逐步活跃，并购重组逐渐成为我国新闻出版企业快速成长的捷径。

从新闻出版类企业近年的并购表现来看，其并购活动更多地与其发展战略密切配合，已逐步从横向并购向纵向并购以及混合并购发展，在可以预见的未来，战略性大型并购在新闻出版企业并购中的比例将逐渐上升。随着并购资金需求规模的上升，新闻出版企业对融资方式、融资工具等创新性融资安排的需求将更加迫切。因此从我国目前国情出发，结合新闻出版自身的发展规律，借鉴国际经验，对我国新闻出版企业并购融资方面的理论及实际操作进行认真梳理，追踪政府监管部门在并购融资方面的监管政策变化及资本市场在并购融资工具方面的创新，发现问题探究成因并提出可行性意见极为必要。

6.1.1 并购融资途径选择影响因素

（1）资本市场及政策法律环境

并购融资是在一个国家特定的资本市场环境下开展的，其资本市场的成熟程度及该国的政策法律环境对并购融资方式的选择影响深远。健全的资本市场体系和完备的制度安排能够为不同规模、不同所有制的企业并购提供多样化的融资选择，为其战略目标的实现提供坚实基础。广义或完整的资本市场体系包括长期借贷市场、债券市场和股票市场。如果资本市场上具有多样化的融资工具，则企业可通过多种融资方式来获取资金并优化资本结构。如果资本市场的发育不够完善，融资工具缺乏，企业的融资渠道就会遭遇阻滞，从而导致融资行为的结构性缺陷。一般而言，资本市场不完善时，企业多以内源融资为主。当资本市场较为完善时，企业外源融资方式尤其是直接融资方式才能被广泛运用。

（2）主并企业的资本结构及经营特征

实证研究表明，主并企业的经营特征如财务状况、盈利能力、发展战略、经营规模等都在不同程度上影响着主并企业的并购融资选择。主并企业的资本结构因涉及控制权及公司治理结构，其现状及最优资本结构规划在一定程度上决定了其进一步融资的方向。

此外，并购融资方式的不同选择也会改变主并企业目前的资本结构，并进而影响企业的控制权及治理结构。因此，在条件允许的情况下，可将并购融资视为优化企业资本结构及治理结构，提高治理效应的有利契机。合理的融资结构设计，可在一定程度上调节委托人与代理人之间的矛盾，限制经营者以投资者的利益为代价追求自身效用最大化；可向外部投资者传递企业经营状况的信息并影响企业控制权的分配及争夺。

（3）融资成本与风险

并购资金的获得与使用是有成本的，不同来源的资金风险不同。并购因涉及金额较大，融资成本及风险势必会影响企业并购融资选择。不同的并购融资方式产生的融资成本区别较大，具体体现在筹资费用及用资费用的差别上。内部融资没有现实的成本支出，但要考虑机会成本；债务性资金融资成本包括资金取得成本及后续的利息费用，利息费用税前扣除，具有税盾效应，但因企业对负债具有法定的还本付息义务，并购后的整合一旦遭遇挫折，企业的财务风险将迅速升高；股票的发行费用较高，后期需向投资者支付股利，且股利属于税后支付项目，不具有抵税作用，因而理论成本较高。在我国目前的资本市场上，由于股权结构及制度安排存在缺陷，上市公司股权成本较低，因此在融资方面表现出强烈的股权融资偏好。

（4）并购支付方式

从国泰安研究服务中心数据库的统计口径来看，现金、股票、资产以及混合支付方式是现阶段我国企业包括新闻出版上市公司在并购重组支付方式方面的主要选择。不同的支付方式对并购融资渠道和方式的选择提出了不同要求。在现金收购中，并购企业所做的融资安排——企业自筹、发行债券、发行股票等均是以获取现金为目的的；在股票并购中，并购企业通常通过向目标企业增发股票换取目标企业的股权从而完成并购；在混合支付中，企业将合理安排各种筹资方式来满足支付需要。[1]

6.1.2 我国新闻出版企业并购融资的主要途径

企业并购所需资金依其来源，可分为内源融资与外源融资两大类，其中外源融资又可分为债务性融资、权益性融资及混合性融资等。因我国资本市场发展所限，目前我国企业并购中主要的融资方式包括内源融资、银行贷款融资、债券融资、增发及混合融资等。

（1）内源融资

来自于企业的生产经营活动，一般由留存收益和折旧两部分构成的企业内部资金具有成本低、抗风险及自主性强等特点，在我国目前的融资体系下，不仅是企业并购资金的一个重要来源，也是企业生存与发展的重要基础。此外，在近年上市的新闻出版上市公司中，由于新股定价机制的缺陷，通常会出现超募现象，从而使企业拥有一笔超过投资项目计划，存放于募集资金专户管理的"超募资金"。这部分"超募资金"是企业并购资金的另一个重要来源。以天舟文化为例，公司于2010年12月完成首次公开发行股票并在创业板上市，该次发行的募集资金净额为37 946.268万元。其中，募集资金14 125.220万元，超募资金23 821.048万元。巨额的超募资金为天舟文化的后续并购提供了便利。

在新闻出版企业并购中，内源融资方式应用广泛。广东广州日报传媒股份有限公司关于现金收购上海第一财经报业有限公司25%股权暨关联交易的公告中，宣布使用自有资金1.03亿元，购买广州传媒控股有限公司持有的上海第一财经报业有限公司25%股权；成都博瑞传播股份有限公司出资7 096万元收购杭州瑞奥60%股权及出资5 339万元收购深圳盛世之光51%股权的交易均由公司自有资金完成；博瑞传播在关于收购成都梦工厂网络信息有限公司100%股权的公告中称，公司受让梦工厂100%股权的价款为人民币44 100.00万元，并明确本次股权收购的资金来源为公司的募集资金及自有资金，其中募集资金为12 768.90万元，其余资金由公司自筹解决。

（2）银行贷款融资

作为一种债务性融资安排，银行贷款一直是支撑企业生存和发展的重要资金来源。因属于债务性融资，银行贷款利息费用可在税前扣除，并且不影响公司的股权结构，不会稀释公司的控制权。

银行贷款真正在并购领域发挥重要作用是在《商业银行并购贷款风险指引》发布之后。此前，商业银行不能提供并购贷款，只能提供并购领域的顾问业务。为落实以金融促进经济发展的精神，加强银行业对经济结构调整和资源优化配置的支持力度，保持经济平稳较快发展，促进行业整合产业升级，我国商业银行的并购贷款政策监管政策经历了从1996年《贷款通则》中明确规定贷款不允许进入股权领域，严禁银行开展并购贷款业务到2008年后全面放开的根本转变。2008年12月6日，银监会颁布了《商业银行并购贷款风险管理指引》，允许商业银行在依法合规、审慎经营、风险可控、商业可持续的原则下开展并购贷款业务；2008年12月13日，国务院办公厅颁布《国务院办公厅关于当前金融促进经济发展的若干意见》，提出"允许商业银行对境内外企业发放并购贷款"；2009年7月22日，商务部第6号令对《关于外国投资者并购境内企业的规定》进行了重新修订，对国内外资金开展并购贷款全面开禁。[1]

（3）债券融资

债券是为筹集资金，由政府、金融机构、工商企业等直接向投资者发行，承诺按一定利率支付利息并按约定条件偿还本金的债权债务凭证。这部分资金具有债务性资金的共同特征，不影响公司的股权结构，不会稀释公司的控制权，有利于原股东对公司经营方向的持续掌控。但因到期还本付息的法定义务，在并购重组不利、企业运营困难的情况下，企业债务负担沉重。

目前我国债券市场产品主要品种及其相关情况见表6-1。

表6-1　我国债券市场产品主要品种[2]

类别	企业债	公司债	可转换公司债	中期票据	短期融资券
发行主体	企业	上市公司	上市公司	非金融企业	非金融企业
监督单位	发改委	证监会	证监会	人民银行	人民银行
相关法规	《企业债券管理条例》	《公司债券发行试点办法》	《上市公司债券发行管理办法》	《银行间债券市场非金融企业债务融资工具管理办法》	《短期融资券管理办法》
交易场所	银行间市场、交易所	交易所	交易所	银行间市场	银行间市场
规模	发改委确定	发行后累计债券发行余额不得超过最近一期期末净资产额的40%	发行后累计债券发行余额不得超过最近一期期末净资产额的40%	中期票据待偿还余额不得超过企业净资产的40%	待偿还融资券余额不超过企业净资产的40%
财务指标	3年盈利要求	3年盈利要求	3年盈利要求	1年盈利要求	1年盈利要求
担保	目前多为担保债	无强制要求	原则上要担保	主要是信用发行，接受担保增信	无强制要求
发行程序	审批制	核准制	核准制	注册制	发行前备案，央行核定最高余额
发债用途	依审批机关核准，用于本企业的生产经营	必须符合股东会核准用途及国家产业政策	符合产业政策，除金融行业外，不得用于财务型投资	应用于企业生产经营活动，并在发行文件中明确披露具体资金用途	无
期限		1年以上	1-6年	1年以上	1年以内

　　根据表6-1，国家发改委监管下的企业债，其发债用途在《企业债券管理

条例》中的表述为其资金需依审批机关核准，用于本企业的生产经营，因此所筹资金很少用于并购支付。公司债、可转换公司债及短期融资券在其发债用途方面并未禁止用于并购支付，但从表6-1来看，各种债券的发行门槛偏高，不易跨越，因此只有少数企业能够通过发行债券获得并购资金支持。相比于其他债券，目前实务操作，公司债在上市公司并购融资中应用较广。但自2007年证监会正式颁布实施《公司债券发行试点办法》至今，经过7年时间的发展，其年度发行规模及市场存量，在中国债券市场中的占比均不到5%，远未达到理想水平。

自20世纪80年代以来，在欧美发达国家，债券特别是高收益债券成为助推并购市场迅速发展的重要金融工具。与国外情况相对照，我国并购债券亟待发展完善。为改变这种状况，监管部门持续探索，政策门槛逐步降低。2014年4月25日，证监会在新闻发布会上称《公司债券发行试点办法》修订草案已基本完成前期起草工作，对并购融资的影响可能体现在：未来公司债券发行主体范围可能扩大，如将交易所公司债发行主体扩展至所有公司制法人；债券发行方式可能更加丰富，如推出并购重组债券。发改委在2014年年初也表示将创新企业债券品种，发展专项收购兼并债券。实际上国家发改委发改财金〔2013〕186号文件批准公开发行、主要用于支付并购价款的并购企业债——"13天瑞水泥债"，已于2013年在银行间市场公开发行，属于国内第一只并购企业债，开创了企业债募集资金用于股权收购的先河。2014年5月底，交易商协会在主承销商会议上也表示，正考虑将债务融资工具募集资金用途拓展至并购价款支付上。[3]

（4）股权融资

①增发普通股

增发是指上市公司为了再融资而再次发行股票的行为。定向增发是指上市公司向符合条件的少数特定投资者非公开发行股票的行为[4]。通过增发普通股获得的资金属于企业的永久性资金。相对于债权性资金，通过股权融入的资金没有明显的还本付息压力，风险较小。企业使用现金支付时，可以采用增发普通股及发行优先股筹集资金。

在博瑞传播收购漫游谷的融资方案中，公司拟以10亿元向漫游谷股东购买70%的漫游谷股权。为筹集所需资金，博瑞传播以不低于9.09元/股的价格定向增发不超过1.2亿股从而募得约10亿元。为此进行的定向增发的发行对象为包括公司控股股东成都博瑞投资控股集团有限公司在内的不超过10名的特定投资者。

此外，股权分置改革后，越来越多的企业在并购时采用股权支付方式，通过增发换股完成交易，并购融资及支付同时完成。在新华传媒收购解放报业集团所持申报传媒、晨刊传媒等9家公司股权及中润广告所持中润解放45%股权的交易中，新华传媒以定向发行股票的方式向解放报业集团发行90920859股A股，向中润广告发行33446409股A股，从而完成本次收购。

②发行优先股

持续进行的金融改革需要为转变经济发展方式、调整经济结构，推动行业整合提供助力。优先股的推出即为其中的重要一环。2014年3月21日，证监会第97号令公布了《优先股试点管理办法》，这标志着优先股在我国资本市场上的解禁，优先股开始成为我国资本市场上的又一重要融资工具。优先股可为并购提供重要支撑，在《优先股试点管理办法》第七章"回购与并购重组"中，已就优先股用于并购融资及支付的相关问题进行了界定。优先股所具有的到期日不固定，本金不用偿还，普通股股东的控制权不会被稀释等优点有利于并购中一些难题的解决。合理利用优先股，灵活进行融资方案设计将使公司在不失去控制权的前提下落实发展规划，顺利完成并购。

（5）多种融资方式的混合应用

随着各种新型金融工具的不断推出，在单笔交易金额不断创新高的并购交易案中，多种融资方式的混合运用成为必然选择。在IT企业联想对IBM公司PC业务17.5亿美元交易金额的收购中，除现金及股权外还混合了承债这种支付方式。在天舟文化对于神奇时代100%股权的收购案中也混合运用了多种融资方式。

　　天舟文化关于公司对神奇时代股权收购的公告中披露，神奇时代100%股权的交易价格为125 400.00万元，其中通过非公开发行股份支付的对价部分为89 180.00万元，采取现金支付的对价部分为36 220.00万元。根据表6-2，天舟文化此次交易共需支付现金约39 220.00万元。公司拟通过向不超过10名特定投资者发行股份募集不超过25 000.00万元配套资金，并利用剩余的超募资金10 899.84万元（含利息）来支付本次交易的部分现金对价，再通过向银行贷款4 000-5 000万元来支付剩余款项。

表6-2　天舟文化并购资金筹集方案

序号	资金来源		资金用途	
	资金来源项目	金额(万元)	资金用途项目	金额(万元)
1	拟通过非公开发行募集配套资金	不超过25000	本次交易中的现金对价	36220
2	首次公开发行超募资金	10899.84	相关发行费用	约3000
3	拟通过银行贷款	4000-5000		
	总计	不超过40000		约39220

6.1.3　我国企业并购融资方面的主要问题及其成因

　　（1）并购融资渠道不畅，资金的可获取程度低

　　从国泰安数据库中我国上市公司采用现金支付的有效融资数据及其他口径的统计数据来看，内源融资、银行贷款、发行债券和股票是我国企业并购的主要融资选择。但当企业自有资金不足，或并购标的过大时，内源资金很难满足并购需要。外源融资中的商业银行贷款从政策开闸到现在虽有了长足的发展，

但因缺乏相关经验及风险与收益配比等方面的考量，银行对并购贷款业务相对谨慎，造成一定程度的"惜贷"现象，限制了银行贷款对并购业务的支持力度；债券融资因政策规定上的种种限制，与并购市场需要相比，规模仍很小；股票发行在目前的审核制下难度很大，准入门槛高，审批流程复杂，并购资金不易获得。

（2）并购融资中的非理性选择

在结构调整及整合过程中，作为出资者代表的各级政府机构往往会有超越经济考虑的包括就业、稳定、政治声誉等方面的非经济诉求。为此，政府会主导一些从经济的角度来看不理性的并购，并提供资金支持，从而形成不理性的融资状况，为后续的整合及企业的长远发展埋下隐患。另外，现有理论普遍认为，管理者过度自信行为偏差对企业资产负债率的选择有着重要的影响。管理者在并购方面的过度自信会导致对并购后整合效果与未来发展前景的过度乐观预期，进而倾向于选择更激进的债务融资，并在未来引发财务危机。

（3）资本管制严格，金融创新不足

为保障金融体系安全，我国金融监管当局曾通过各种法律规章对于资金的自由流动进行限制。在并购融资方面的体现是对企业发行股票、债券的资格、条件和规模都做出了严格的限制，并就通过发行股票和债券以及银行贷款筹得的资金用途也作出了明确的规定，使得国际上通行的几种主要的并购融资方式在我国几乎都受到了限制，阻碍了企业并购的发展。[5]

虽然近期金融监管当局在优先股、企业债等方面放松了管制，作出了有益尝试，但与欧美国家企业并购融资概况相比，我国并购融资市场上的金融工具明显不足，创新有待加强。

（4）中介机构发育不良，作用有限

欧美国家企业并购融资渠道众多，融资工具丰富，这要归因于西方国家包括商业银行、投资银行在内的众多金融机构在长期的金融服务中不断根据市场需要调整角色定位，进行金融创新，支撑实体经济的蓬勃发展并因此引发新的金融服务需求，从而引发新一轮的金融创新，形成正向循环。我国资本市场起步较晚，商业银行、投资银行等金融机构在并购融资中提供的金融工具和金融专业服务不足，信用评级等中介机构在并购过程中的参与程度及服务质量也有待提升，影响了其在并购融资过程中作用的发挥。

6.1.4 关于并购融资的结论及其建议

在新闻出版业的整体蜕变中，并购整合势在必行。虽然目前新闻出版企业并购无论是债权融资还是股权融资渠道都严重依赖于资本市场及中介机构的发展水平，存在诸多障碍，但变革时刻在进行：优先股已放行，债券发行各条例已经或正在修订，普通股发行制度也将迎来历史性的变革，并购融资的市场环境正在迅速转变。新闻出版企业并购融资因涉及企业整体战略的执行，涉及企业的控制权及风险等关键问题，其融资途径选择应在综合考虑企业内部条件及外部环境的基础上审慎进行。在目前我国放松金融管制，逐步推进金融自由化这样特殊的历史时期及特定的资本市场环境下，新闻出版企业在并购融资中需要不断追踪资本市场环境变化及金融工具创新情况，合理利用中介机构的资源及服务，突破融资"瓶颈"，顺利完成并购。

6.2 并购支付

在整个并购重组流程中，支付方式因其对并购后企业的所有权结构、财务杠杆水平以及发展战略所具有的深远影响而成为其中的关键环节。并购支付工具的使用直接关系到并购成本的高低和交易成败。[6]现实世界中不乏因并购支付方式选择不当而使企业陷入重重困境甚至破产清算的先例。相较于西方发达国家及国内其他行业，我国新闻出版企业并购交易起步较晚，在并购各环节的操作经验积累不足、研究不足。因此在对我国成熟度较低的金融市场有一个明确认识的前提下，在行业特有的股权结构和制度背景下，深入分析不同支付方式在新闻出版业的应用特点及支付方式选择的主要依据，并进行中外并购重组支付现状及发展趋势比较具有现实意义，可为新闻出版企业的并购支付方式选择决策提供参考，提高并购交易及后续整合的成效，提高新闻出版业的资源配置效率，促进新闻出版业的健康发展。

6.2.1 出版企业并购支付方式选用及其特点分析

现阶段我国出版企业在并购重组支付方式选用方面进行了诸多尝试，现金、股票、资产、混合等支付方式都有所涉及。

（1）现金支付

现金支付方式是最简便、最快捷的一种支付方式，也是在我国新闻出版企业并购支付时应用得最为广泛的一种方式。如：湖北少年儿童出版社有限公司在2012年6月28日签订的《股权转让协议》中，以380万元现金受让上海亨特设计有限公司100%的股权，并更名为"上海安柏文化传播有限公司"；上海新华传媒股份有限公司于2011年4月27日召开的第五届董事会第二十五次会议审议通过关于重组杨航传媒的议案，同意公司以现金出资人民币1 806万元收购上海中润广告有限公司持有的上海杨航传媒有限公司30%的股权等。此外，皖新传媒、时代出版、博瑞传播、浙报传媒、凤凰传媒、中南传媒等上市公司近年都发生过以现金支付完成的并购交易。

对于主并企业而言，现金支付最显著的优点是不改变企业现有的股权结构，现有股东控制权不会被稀释。同时，现金支付可以使主并企业迅速完成收购，降低收购风险和收购难度。但是，随着新闻出版企业间并购规模的日益扩大，单纯使用现金支付一般会给主并公司造成沉重的资金负担。现金支付的另一个问题是根据自由现金流量假说，具有委托代理问题的公司即便在没有投资收益率较高的投资机会时，也不愿意将现金回馈给股东。管理者为了追求自身效用函数的最大化，维持对主并公司的控制，会实施有悖于企业整体利益的并购决策，以现金支付方式完成并购收益较低或为负的并购交易，从而使主并公司在长期内遭受损失。因所有者缺位，国有控股企业的委托代理问题通常比较突出，这也是新闻出版企业需要注意的问题。

（2）股票支付

股票支付方式是指主并企业为了完成并购交易活动，将其拥有的股票作为支付工具，用以交换被并购企业的资产或股权的一种并购方式。2011年长江传媒向湖北长江出版传媒集团有限公司发行487512222股股份购买其持有的本部教材中心相关净资产，以及下属15家全资子公司100%的股权；2011年新华传媒收购上海新闻晚报传媒有限公司34%的股权；粤传媒也通过非公开发行股份的方式购买了广传媒持有的广州日报报业经营有限公司100%的股权、广州大洋传媒有限公司100%股权、广州日报新媒体有限公司100%的股权。

股票支付中以增资扩股这种方式完成并购交易的居多。上述三个出版企业并购案采用的即是这种方式。在股票支付方式中，主并方不需要支付大量现金，可以避免资金压力及财务风险。另外，根据风险分担理论，目标公司愿意接受股票支付方式与并购公司共担风险，一定程度上降低了信息不对称，表明自身资源的优质性和对并购后协同效应实现的乐观预期。但在目前的体制下，由于国有股的所有者缺位所造成的公司及政府对体制性利益的过分追逐，在一定程度上影响了并购绩效的实现。[7]并且增资换股这种支付方式将使公司的资本结构和股权结构发生变化，在不同程度上稀释了公司的控制权。

（3）资产支付

资产支付即通常意义上的资产置换，目前市场上主并方通过资产支付完成并购主要出于两种考虑：一是获得盈利水平较高的优质资产，二是获得符合企业长远发展规划的资产，同时将盈利水平低或与未来发展战略不符的资产置换出去。优质资产的获得有利于维护主并公司在资本市场上的良好形象，对股价形成良好支撑；符合企业长远规划资产的置换注入，一方面标志着借壳上市运作成功，另一方面也标志着公司开启了新篇章。以新华传媒买壳上市为例。2006年5月19日，华联超市公告将占公司总股本45.06%的股份转让给新华发行集团。2006年11月28日，新华传媒在关于重大资产置换实施进展情况的公告中，宣布公司以除尚未使用完毕募集资金4.8亿元外的资产、负债以及业务与新华集团直接或间接持有的上海新华股份有限公司100%股权进行置换，并于2006年9月19日，更名为"上海新华传媒股份有限公司"，主营业务变更为以图书、报刊、音像制品、电子（网络）出版物、文教用品的批发、零售为核心的文化传媒业务。通过收购华联超市及后续的资产置换，新华集团打造了良好的资本运作平台，新华传媒也将依托良好的文化产业领域资源，实现跨越式发展。

（4）混合支付

随着经济的发展，企业并购的规模和复杂程度逐步提升，单一支付方式的缺点和局限性逐步暴露出来，无法很好地兼顾主并方和目标企业的利益和诉求。我国资本市场的逐步发展与完善为这一问题的解决提供了可能，多种支付方式在并购交易中的混合应用逐年增长。其中现金加股票的混合方式应用较广。在粤传媒对香榭丽传媒的收购中，粤传媒及其全资子公司新媒体公司即拟以现金和发行股份相结合的方式购买香榭丽传媒100%的股权，交易对价为4.5亿元；在大地传媒购买中原出版传媒集团下属的图书发行等业务的经营性资产的交易中，交易对价的15%由大地传媒以现金支付，另外85%则通过向中原出版传媒集团发行股份进行支付。在IT企业联想对IBM公司PC业务17.5亿美元交易金额的收购中，除现金及股权外还混合了承债这种支付方式。联想除支付给IBM6.5亿美元的现金和6亿美元的股票外，还将承担5亿美元的债务。

（5）无偿划拨支付方式

无偿划拨是指政府作为国有资产的代理人，通过行政手段将国有企业的控股权从一个国有资产管理主体划至另一个国有资产管理主体，而接受方无须向出让方进行补偿的并购重组行为，[8]是产权交易中十分常见的且具有中国特色的操作方式。这是一种较为纯粹的政府行为，由于是无偿划拨，主并方无须向被并方支付现金、股票及资产等对价。无偿划拨这种方式产生于我国特殊的政治背景和市场环境下，在其他领域已随着改革进程的推进而逐步消亡。新闻出版业的改革改制起步较晚，近年来的产业整合中这种方式应用较多，多属于政府行政主管部门期望谋求长远竞争优势，按产业发展规律，以企业为整合对象，重新配置生产要素，从而形成富有竞争力的企业和企业集团的过程。这种并购方式更多秉承的是政府的意志，而非市场化的选择，其并购重组绩效很难预测。

6.2.2 中美并购支付方式演进及比较

综观美国的五次并购浪潮，其支付手段呈现一些规律，总体与资本市场的发育状况、金融创新的力度、宏观经济的发展水平密切相关。在第一次和第二次并购浪潮中，西方资本市场虽已具一定规模，但远未成熟与完善，金融工具的创新尚未发生或没有得到普遍应用，因此这一阶段的并购支付以现金为主。第三次浪潮发生于"二战"后20世纪五六十年代的资本主义"繁荣"时期。第四次并购浪潮始于20世纪70年代中期至80年代末，到80年代进入高潮。第五次并购浪潮产生于20世纪90年代后半期。从第三次浪潮开始，并购规模越发巨大，第四次浪潮中出现了杠杆并购，第五次浪潮尤其以战略并购、强强联合、跨国并购为主要特征。交易特点决定了第三次浪潮以后现金支付已不能很好地满足并购中各方需求，亟待其他并购方式提供有力支撑。这一时期美国资本市场发展迅速，金融交易工具的创新不断涌现，股票支付及混合有现金、股票、资产、垃圾债券、可转换债券、优先股等形式的混合支付渐成趋势。单纯的现金支付比例近年已降至50%以下，详见表6-3。

表6-3 1982—2009年美国企业并购支付方式统计表

支付方式		现金	股票	混合	其他	合计
1982—1985年	数量	1962	1329	1397	50	4738
	比例(%)	41.4	28	29.5	1.1	100
1986—1989年	数量	1587	1024	844	13	3468
	比例(%)	45.8	29.5	24.3	0.4	100
1990—1993年	数量	895	1090	1007	22	3014
	比例(%)	29.7	36.2	33.4	0.7	100
1994—1997年	数量	2831	2953	2410	34	8228
	比例(%)	34.4	35.9	29.3	0.4	100
1998—2001年	数量	6514	4253	3347	84	14198
	比例(%)	45.9	30	23.6	0.5	100
2002—2005年	数量	8951	6370	3357	177	18855
	比例(%)	47.5	33.8	17.8	0.9	100
2006—2009年	数量	12765	13247	8223	297	34532
	比例(%)	36.9	38.4	23.8	0.9	100

　　数据来源：根据2007年的吴昊《中美上市公司并购支付方式比较研究》，及2012年的杨柳青《我国上市公司不同支付方式的并购绩效研究》中的数据整理而得以1993年的"宝延风波"为起点，我国进入了市场化并购的新时代。从WIND和国泰安中国上市公司并购重组数据库中关于并购重组支付情况的统计数据来看，中国企业与美国企业在并购交易支付方式选择上存在非常大的差异。到目前为止，现金支付一直是我国上市公司并购中的绝对主流支付方式；无偿划拨、承债支付这种颇具中国特色的支付方式曾经在国企改革的特定历史阶段扮演了重要角色，现正逐步退出历史舞台；股票支付则经历了一个分水岭，股权分置改革之前，应用很少，改革后这一数字增长很快，但到目前为止占比仍然很小；混合支付占比一直不高。具体见表6-4国泰安数据库中资产收购、吸收合并、要约收购三种并购方式下支付方式情况比较。我国新闻出版企业并购支付选择情况与全国总体特征相似。

表6-4　2002—2013年我国上市公司并购支付方式比较

支付方式		现金	股票	资产	混合	其他	合计
2002年	数量	374	3	2	119	64	562
	比例(%)	66.55	0.53	0.36	21.17	11.39	100.00
2003年	数量	560	1	0	9	25	595
	比例(%)	94.12	0.17	0.00	1.51	4.20	100.00
2004年	数量	729	1	0	6	4	740
	比例(%)	98.51	0.14	0.00	0.81	0.54	100.00
2005年	数量	568	1	2	2	2	575
	比例(%)	98.78	0.17	0.35	0.35	0.35	100.00
2006年	数量	588	18	40	6	7	659
	比例(%)	89.23	2.73	6.07	0.91	1.06	100.00
2007年	数量	1329	124	14	16	10	1493
	比例(%)	89.02	8.31	0.94	1.07	0.67	100.00
2008年	数量	1647	192	12	15	14	1880
	比例(%)	87.61	10.21	0.64	0.80	0.74	100.00
2009年	数量	1514	144	7	16	9	1690
	比例(%)	89.59	8.52	0.41	0.95	0.53	100.00
2010年	数量	2049	174	1	7	6	2237
	比例(%)	91.60	7.78	0.04	0.31	0.27	100.00
2011年	数量	2195	116	5	20	5	2341
	比例(%)	93.76	4.96	0.21	0.85	0.21	100.00
2012年	数量	2174	116	3	25	1	2319
	比例(%)	93.75	5.00	0.13	1.08	0.04	100.00
2013年	数量	2138	185	4	134	1	2462
	比例(%)	86.84	7.51	0.16	5.44	0.04	100.00

数据来源：国泰安研究服务中心数据库——中国上市公司并购重组数据库

6.2.3 并购重组支付方式选择依据

（1）主并公司的并购目的

我国企业的并购目的主要分为买壳上市、财务重组和战略重组三种。[9]企业并购目的在一定程度上限制了并购支付方式的选择，而并购支付方式的选择也对并购目标的实现程度形成制约。现阶段我国出版业的并购目的以买壳上市和战略重组居多。

目前A股市场上的出版概念上市公司大多通过买壳方式上市。买壳上市最终需要通过反向收购的方式将自己的有关业务和资产注入上市公司，从而达到间接上市的目的。在实施上通常分为两步走，第一步买壳时以现金支付方式为主，第二步资产注入时往往通过资产置换、定向增发完成。

战略并购意味着将并购作为企业战略的组成部分，通过实施企业发展战略、创造协同价值、提高市场竞争力来逐步实现企业的长远发展目标。[10]战略性的并购意图较为复杂，诸如获取核心竞争力（或新技术）、消灭竞争对手、获得规模效益或协同效应、提高对上游供应商与下游客户的议价能力、合理配置资源、获取新的市场等。如果需要目标公司管理层在并购前后的通力合作，那么通过双方的交叉持股，使目标公司成为主并公司利益相关者无疑是明智的选择。出版企业许多以股票支付完成的并购即出于这种考虑。

（2）主并公司控制权稀释威胁

这里的控制权是相对于所有权而言的，指对于企业各类资源的支配权。根据现代企业理论，企业的本质是一系列契约的联合体，这一系列契约约定了包括股东、经理层在内的各利益相关者的权利义务。在现实世界中，风险、不确定性、不完全信息及其他环境条件的限制导致了契约的不完备，从而使得拥有公司控制权的一方有机会通过行使控制权侵占其他各方的权益，企业的控制权因此成为一种稀缺资源和争夺对象。主并公司的股权结构及持股比例将会影响并购支付方式的选择，主并公司控股股东控制权的稀释威胁越大，其选择股权支付方式的可能性越小，选择现金等其他支付方式的可能性越大。目前新闻出版企业多为国有控股，除经济利益外，政府主导的企业并购往往还掺杂着更为复杂的政治及其他社会公共职能履行等考虑，国有股东对于企业的控制权可能不容稀释，从而决定了并购支付方式的选择结果。

（3）主并公司的财务特征及未来投资机会

主并企业的财务状况、资本结构、现金流水平、未来投资机会等均会影响并购支付方式的选择。相关研究表明企业的现金持有量与股票支付负相关，而与现金支付正相关。当主并方持有大量现金且筹资能力较强时，选用现金支付的概率较大。我国A股市场上的出版概念上市公司除具有国有大股东背景，筹资能力较强外，大多持有大量超募现金，从其并购表现来讲，因现金支付一般不会影响企业的日常运营及投资能力，并购时这些企业很多选择以现金支付对价。但是如果并购规模过大，或有良好的投资机会，单纯的现金支付仍将给企业造成巨大的资金负担，或危及企业的正常运营，或使其丧失投资机会，这时股票或其他混合支付方式可能是更好的选择。

（4）主并公司的股价水平

在主并公司的股价水平对并购支付方式的影响上，中外学者观点相近，即主并公司股价被高估时，多采用股票支付方式，被低估时则采用现金支付方式。股票支付一般是通过主并公司向目标公司定向增发股票来完成对其资产或股权的购买，并购期间如主并方股价水平高，增发价格往往会很理想，相对于其他支付方式，采用股票支付，主并方付出的代价较小，将更倾向于股票支付。根据信号传递理论，公司采用股票支付方式，将向市场传递公司股价被高估的信号，对公司的股价造成负面影响，导致股价向其真实价值回归。但是，根据一鸟在手理论逻辑，对主并方而言，股票支付形同变现，能在高点变现无疑是一个好选择。而现金支付方式将向市场传递公司股价被低估的积极信号。

（5）外部宏观环境

Rechard H.Nakamura（2004）研究表明，经济周期与并购浪潮呈正向关系。经济的繁荣与衰退会影响并购交易模式：经济繁荣时期，并购公司主要以发行股票作为并购支付方式；经济衰退时期，则较少使用股票支付方式。[11]

在我国，除经济周期外，国家的货币政策及金融工具创新情况也在不同程度上制约企业的选择。另外，根据财政部和国家税务总局关于并购重组的相关规定，不同的支付方式下，并购双方将承受不同的税收负担，因此也将影响并购支付方式的选择。

6.2.4 我国出版企业并购支付结论及建议

现阶段我国出版企业在并购重组支付方面进行了各种尝试，综合考虑外部宏观环境、企业自身特点及需要分别选用现金、股票、资产、混合等支付方式完成并购交易。但从整体上看，由于资本市场发育程度限制及出版企业自身的现金流及经营特点决定，目前出版企业并购以现金支付完成的居多，与美国等西方国家广泛使用股票及混合支付的趋势有很大背离。从中美比较来看，虽然股权支付已开始扮演重要角色，但是国内的并购支付手段依然不够丰富，制约了一些并购的实施，金融工具的创新仍需加强，以更好地满足并购中各方述求。

未来，随着新闻出版业市场化程度的进一步提高，随着资本市场金融创新的不断出现，我国新闻出版企业将更有条件作出更为理性的并购支付方式选择，为企业绩效及未来长远发展提供助力。

参考文献

[1] 许华伟.我国商业银行并购贷款业务发展研究[J].经济问题探索. 2012(10).

[2] 吴文耀.并购重组中融资问题的研究[D].上海：上海交通大学,2012.

[3] 柳灯,王冠.首单并购企业债已发行"净资产40%"铁律再考量[N].21世纪经济报道,2014-06-05.

[4] 许付漪.定向增发私募渐失光环借道专户搞创新[N].中国证券报. 2012-11-26.

[5] 赵鑫.完善中国企业跨国并购融资体系研究[D].太原:山西财经大学.2010.

[6] 华宇虹,李文兴.我国新闻出版企业并购重组支付方式选择研究[J].科技与出版.2014(8).

[7] 马善玲.并购支付方式与并购绩效关系研究[D].哈尔滨:东北财经大学.2012.

[8] 刘椿洋.我国上市公司并购支付方式选择研究[D].哈尔滨:哈尔滨工程大学.2010.

[9] 段科夫.企业并购支付方式选择研究[D].合肥:合肥工业大学.2012.

[10] 林松.横向战略并购应用于出版业的思考[J].科技与出版,2005(5).

[11] 耿琳.上市公司并购支付方式选择影响因素研究[D].哈尔滨:东北财经大学,2011.

附录1 新闻出版总署关于贯彻落实《关于深化新闻出版广播影视业改革的若干意见》的实施细则

（2002 年 7 月 2 日）

中共中央办公厅、国务院办公厅转发了《中央宣传部、国家广电总局、新闻出版总署关于深化新闻出版广播影视业改革的若干意见》（以下简称《若干意见》）。当前，全国新闻出版行业正在深入学习江泽民同志的"七一"重要讲话，以"三个代表"的要求统揽新闻出版工作的全局，深化新闻出版业的改革，认真学习、贯彻《若干意见》，对确保改革坚持正确的方向，取得更快的发展至关重要。根据中央的要求，特制定新闻出版业贯彻落实《若干意见》的实施细则。

一、坚持正确的指导思想和方针原则

深化改革必须高举邓小平理论的伟大旗帜，以"三个代表"重要思想为指导，坚持党的基本路线，坚持解放思想，实事求是，一切从实际出发。改革要充分考虑我国国情，充分考虑精神文明建设需要，遵循社会主义市场经济规律和新闻出版业发展的内在要求，借鉴经济领域改革的成功经验和国外的有益做法，有利于充分调动新闻出版工作者的积极性，有利于促进事业的繁荣健康发展，有利于满足人民群众日益增长的精神文化需求，更好地为人民服务，为社会主义服务，为全党全国的工作大局服务。

深化改革必须以发展为主题，以结构调整为主线，进一步壮大实力，增强活力，提高竞争力。要积极主动，加大力度，深入创新，稳步推进。坚持把社会效益放在首位，实现经济效益与社会效益的统一；坚持以深化改革促进结构调整和市场整合，促进产业优化升级和规模效益增长。从适应计划经济体制向适应社会主义市场经济体制转变，从分散经营向规模经营转变，从以数量扩张为主向以素质提高为主转变，走出一条有中国特色社会主义的新闻出版业发展之路。

深化新闻出版改革必须坚持党性原则，牢牢把握正确导向。新闻出版业既有一般行业属性，又有意识形态属性；既是大众传媒，又是党的宣传思想阵地，事关国家安全和政治稳定，负有重要社会责任。无论在什么情况下，党和人民"喉舌"的性质不能变，党管媒体不能变，党管干部不能变，正确的舆论导向不能变。要确保党对新闻出版业的领导，确保国家对新闻出版业的宏观控制力，坚持以科学的理论武装人，以正确的舆论引导人，以高尚的精神塑造人，以优秀的作品鼓舞人。

二、正确把握改革的总体要求和基本格局

要通过深化改革，探索建立新形势下保证党委领导，调控适度、运行有序、促进发展的宏观管理体制，做到中央和省、自治区、直辖市两级调控，党委统一领导，新闻出版行政部门依法实施行政管理，切实履行社会监管职能，行政管理、社会监管与行业管理相互配合，行政管理部门职能明确，新闻出版单位主管、主办部门职责清晰。探索建立保证正确导向、富有经营活力的微观运行机制，健全党委领导与法人治理结构相结合的领导体制，编辑业务与经营业务相对独立的组织结构，适应市场需求、调控有力的经营管理模式。探索建立体现新闻出版业特点，适应法制建设总体要求和有关国际规则的法律法规体系，健全执法监督机制，加强执法队伍，提高执法水平，有法必依，执法必

严，违法必究。探索建立传播健康精神文化产品，促进资源优化配置，竞争、有序的市场环境，调整市场布局，健全市场体系，规范市场秩序，促进互联互通，形成公平竞争、优胜劣汰，有利于优秀精神文化产品占领市场的有效机制。探索建立吸收国外优秀文化和先进技术，抵御腐朽文化，用好两个市场、两种资源的开放格局，坚持以我为主、为我所用，确定总量和布局，有目的、有步骤、有选择地扩大开放。

三、关于集团化建设

集团建设要处理好点和面的关系，全面繁荣我国新闻出版事业。全国试点集团（以下简称"试点集团"）要立足于体制创新和机制创新，努力提高集团的核心竞争力，要利用好各种有利条件做大做强，为深化改革提供有益的经验，带动全行业整体推进；其他出版单位要根据各自实际，探索适合自身特点的改革发展的路子。

新闻出版总署和有关省、市新闻出版局要协助党委宣传部门推动已批准的报业集团进一步深化改革。要在深入调研、科学论证的基础上，批准建立若干家报业集团。报业集团属于事业性质，实行党委（党组）领导下的社委会（编委会）负责制，党委（党组）书记兼任社长。报业集团应认真进行管理体制改革和运行机制的转换，增强舆论影响力和综合竞争力。

加强对广东省出版集团、上海世纪出版集团、北京出版社出版集团、辽宁出版集团、中国科学出版集团和山东出版集团的宏观指导和政策支持，为其提高竞争力提供公平和必要的条件。地方出版集团组建后，要实行政事分开，新闻出版管理部门行使行政监管职能。出版集团要以资本和业务为纽带，在清晰界定产权的基础上，明确资产经营责任，着力进行管理体制和运行机制的创新。出版集团属事业性质，实行党委（党组）领导下的管委会负责制，党委（党组）书记兼管委会主任。选择并积极培育和扶持十余家名社、大社作为走内涵式发展道路的试点。鼓励、指导并帮助这些出版社进一步优化出版结构，合理配置资源，发挥品牌优势，积极进行规模扩张，尽快做大做强。

在继续抓好江苏新华发行集团、广东新华发行集团、四川新华书店集团和上海新华发行集团试点工作的基础上，近期再批准组建若干家发行集团，初步形成东西南北中相互竞争、相互促进，符合市场运行规律的全国出版物营销体系。发行集团属企业性质，应按照现代企业制度进行组建，完善法人治理结构，建立科学决策程序，产权明晰，责任明确，保证资产的保值和增值。改制后的发行集团董事长由党委书记兼任。发行集团要以图书发行为主业，兼营其他出版物的发行业务，大力推进跨地区经营，尽快成为区域性或全国性的出版物批销中心，经批准可享有出口经营权。

对中国录音录像出版总社、中国国际电视总公司、上海声像出版社、太平洋影音公司和北京希望电子出版社的改革要加强指导，帮助他们加快经营机制转换，提高原创节目、自主知识产权产品的开发能力和市场占有率，增强多种媒体综合经营的能力，有条件的单位可与国有大型视听产品的硬件企业进行多种形式的合作、联营，条件成熟的经批准可以进行重组，组建若干家音像集团。

建设"中国期刊方阵"，加大品牌期刊的建设力度。要努力培育一批正确把握舆论导向，形成科学有效管理机制和运行机制，加强期刊队伍建设，严格遵守宣传出版纪律，社会效益和经济效益俱佳的期刊。通过建设"中国期刊方阵"，提高我国期刊整体出版水平，创出具有世界影响的名牌期刊。要认真做好以名刊、大刊为"龙头"的期刊集团试点工作。当前，对具备条件的申请组建期刊集团的名刊、大刊要进行积极考察。

试点集团以外的出版单位，可进行合作与联营，条件成熟的经批准，可进行兼并重组。

四、关于多媒体兼营

试点报业集团、出版集团、期刊集团、音像集团和内涵式发展的名社、大社，经批准，可兼营报纸、期刊、图书、音像制品、电子出版物和网络出版业务。实行多媒体兼营，应着重于存量资源的整合，避免乱铺摊子。在治散治滥中撤销或停办不符合条件的出版单位调整出来的指标，主要用于支持有关试点集团及试点单位的多媒体经营。积极支持有关试点集团和试点单位与其他媒体经营单位进行跨媒体的兼并、重组和合作联营。有关兼并、重组、联营及申请成立新的媒体经营单位的报告，经所在地省级新闻出版局审核并经地方党委和政府同意后，报中央宣传部和新闻出版总署批准。

五、关于跨地区经营

积极鼓励试点出版集团、期刊集团、音像集团、发行集团和内涵式发展的名社、大社进行跨地区经营，有条件的中央及省级报业集团经批准，可实行跨地区经营。跨地区经营应主要通过兼并重组、合作联营的方式实现。确有需要成立分支机构的，须经所在地省级新闻出版局审核并报中央宣传部和新闻出版总署批准。跨地区设立的分支机构，都要接受所在地新闻出版管理部门的属地管理，试点集团要切实承担对所属单位出版物内容和经营方向的管理职责。各级新闻出版管理机关要为跨地区经营提供良好的环境和条件，不得以任何形式搞地区封锁。

六、关于拓宽融资渠道

试点报业集团、出版集团、期刊集团、音像集团、电子出版集团和内涵式发展的名社、大社的编辑业务和经营业务应从机构设置上分开，编辑部门经集团主管部门同意并报中央宣传部和新闻出版总署批准，可在新闻出版系统融资。试点出版集团、音像集团、电子出版集团和内涵式发展的名社、大社经省级新闻出版管理部门同意，并报新闻出版总署批准，可以项目合作的方式吸收国有企事业单位的资本，但必须严格限制在经批准的项目内进行，投资方不得介入编辑业务。

试点报业集团、出版集团、期刊集团、音像集团、电子出版集团和内涵式发展的名社、大社的经营部门，经新闻出版总署批准，可按现代企业制度的原则组建成有限责任公司或股份有限公司，吸纳国有企事业单位的资本，集团和有关出版单位的国有资本应不低于51%。

经中央宣传部和新闻出版总署批准，试点发行集团可吸收国有资本、非国有资本和境外资本，集团国有资本应不低于51%。

印刷集团吸收境外资本须报经新闻出版总署批准。

在吸纳资金和组建有限责任公司或股份有限公司时，要认真按照国家有关规定，做好资产评估工作，切实保障国家权益，严禁以承包、持股等方式将国有资产低价出售或无偿分配给个人。

其余新闻出版单位一律按现行规定执行。

七、关于健全市场体系

运用现代市场的组织形式和营销方式，加快对出版物市场的整合，形成全国统一、开放、竞争、有序的出版物市场体系。发行集团之间要按照现代企业制度的要求，以资本为纽带，在发行业务方面互联互通，构建全国性、多层次的出版物批销网络。要用改革的精神加大全国书市的创新力度，为繁荣出版物市场发挥更大的作用。充分发挥新华书店的骨干作用，鼓励其他国有渠道和流通企业经营出版物业务，形成国有流通渠道之间的公平、有效竞争，增强国有资本对出版物市场的控制力。引导和规范非国有资本进入出版物市场，依法经营，参与竞争。探索建立区域性或全国性的版权市场、广告市场、信息市场、科技市场和人才市场等。完善市场规则，规范市场行为，加强市场监管。

积极探索适合我国出版业发展需要的连锁经营模式，形成多层次、多业态的出版物连锁经营网络。发挥新华书店的良好品牌效应和遍布城乡的网络优势，理顺产权关系，整合存量资产，在大城市和省会城市首先实现新华书店的连锁经营，并逐步向中小城市辐射和延伸，通过特许和加盟等形式，吸纳有条件的其他经济成分的书店参加。力争用两年左右的时间，在北京、上海、广州、沈阳、济南、南京、杭州、成都、西安等地建立大型的出版物连锁经营总部。进一步拓展连锁经营网点的功能，以销售为基础，同时开展租赁、咨询等业务，提高服务水平和服务质量。

附录2 国务院关于非公有资本进入文化产业的若干决定

国发〔2005〕10号

各省、自治区、直辖市人民政府，国务院各部委、各直属机构：

为大力发展社会主义先进文化，充分调动全社会参与文化建设的积极性，进一步引导和规范非公有资本进入文化产业，逐步形成以公有制为主体、多种所有制经济共同发展的文化产业格局，提高我国文化产业的整体实力和竞争力，现就有关问题作出如下决定。

一、鼓励和支持非公有资本进入以下领域：文艺表演团体、演出场所、博物馆和展览馆、互联网上网服务营业场所、艺术教育与培训、文化艺术中介、旅游文化服务、文化娱乐、艺术品经营、动漫和网络游戏、广告、电影电视剧制作发行、广播影视技术开发运用、电影院和电影院线、农村电影放映、书报刊分销、音像制品分销、包装装潢印刷品印刷等。

二、鼓励和支持非公有资本从事文化产品和文化服务出口业务。

三、鼓励和支持非公有资本参与文艺表演团体、演出场所等国有文化单位的公司制改建，非公有资本可以控股。

四、允许非公有资本进入出版物印刷、可录类光盘生产、只读类光盘复制等文化行业和领域。

五、非公有资本可以投资参股下列领域国有文化企业。出版物印刷、发行，新闻出版单位的广告、发行，广播电台和电视台的音乐、科技、体育、娱乐方面的节目制作，电影制作发行放映。上述文化企业国有资本必须控股51%以上。

六、非公有资本可以建设和经营有线电视接入网，参与有线电视接收端数字化改造，从事上述业务的文化企业国有资本必须控股51%以上。非公有资本可以控股从事有线电视接入网社区部分业务的企业。

七、非公有资本可以开办户外、楼宇内、交通工具内、店堂等显示屏广告业务，可以在符合条件的宾馆饭店内提供广播电视视频节目点播服务。有关部门要严格资质认定，明确经营范围，加强日常监管。

八、非公有资本进入文化产业按现行有关规定管理，其中第五条、第六条、第七条规定的事项还须经有关行政主管部门批准。有关投资项目的审批或核准，按照《国务院关于投资体制改革的决定》（国发〔2004〕20号）的规定办理。要严格审批程序，完善审批办法，规范文化产业发展，保护企业合法权益，取缔违法违规经营。非公有制文化企业在项目审批、资质认定、融资等方面与国有文化企业享受同等待遇。

九、非公有资本不得投资设立和经营通讯社、报刊社、出版社、广播电台（站）、电视台（站）、广播电视发射台（站）、转播台（站）、广播电视卫星、卫星上行站和收转站、微波站、监测台（站）、有线电视传输骨干网等；不得利用信息网络开展视听节目服务以及新闻网站等业务；不得经营报刊版面、广播电视频率频道和时段栏目；不得从事书报刊、影视片、音像制品成品等文化产品进口业务；不得进入国有文物博物馆。

十、文化部、广电总局、新闻出版总署根据本决定，制定具体实施办法，明确国家鼓励、允许、限制和禁止投资的产业目录，引导非公有制文化企业持续、快速、健康发展。

各地区、各部门要依法清理和修订与本决定相抵触的规定。外资进入文化产业依照有关法律法规的规定执行。

中华人民共和国国务院

二〇〇五年四月十三日

附录3 关于进一步推进新闻出版体制改革的指导意见

中国网 china.com.cn   时间：2009-04-06

国家新闻出版总署日前印发《关于进一步推进新闻出版体制改革的指导意见》，全文如下。

为深入贯彻党的十七大和十七届三中全会精神，全面贯彻落实科学发展观，落实党中央、国务院关于进一步扩大内需，妥善应对全球金融危机，全力保持经济平稳较快发展的决策部署，根据中央关于深化文化体制改革的要求，现就进一步推进新闻出版体制改革，推动新闻出版业大发展大繁荣，提出如下意见。

一、新闻出版体制改革的积极探索和成功经验

1. 党的十一届三中全会以来，特别是党的十三届四中全会以来，党中央、国务院高度重视新闻出版工作，作出了一系列重大决策，为做好新闻出版工作指明了方向。党的十六大提出了深化文化体制改革、发展文化产业的战略任务，党的十七大进一步对深化文化体制改革、推动社会主义文化大发展大繁荣作出了战略部署。新闻出版系统认真贯彻落实中央关于文化体制改革的重大决策和部署，积极实践，大胆探索，开创了新闻出版体制改革的新局面。

2. 2003年，党中央、国务院启动文化体制改革试点工作。新闻出版系统21家试点单位全面完成了改革试点任务，为新闻出版体制改革提供了有益经

验。2006年以来，新闻出版系统切实贯彻全国文化体制改革工作会议精神，进一步明确了新闻出版体制改革总体思路，创造性地解决了改革的一系列难题，取得了突破性进展。目前，新闻出版体制改革正处于全面推开的关键时期，进入破解深层次矛盾和问题的关键阶段，改革的任务仍然艰巨繁重。

3.新闻出版体制改革的实践证明，解放思想、转变观念是改革的前提，哪里的思想解放，那里就有改革的新思路、发展的新成效；体制创新是改革的重点，必须围绕重塑市场主体、完善市场体系、改善宏观管理、健全政策法规、转变政府职能等关键环节，革除体制性障碍，解决主要矛盾，破解难点问题；发展是第一要务，必须围绕发展制定改革的政策措施，以发展的成果检验改革的成效；政策是保障，必须充分考虑新闻出版行业的特殊性、复杂性，制定和落实相关配套政策，加强统筹协调，加强政策扶持，加强资金投入，加强督促检查，积极稳妥地推进改革。

二、进一步推进新闻出版体制改革的重要性和紧迫性

1.推进新闻出版体制改革，加快新闻出版事业和产业发展，是建设中国特色社会主义的重要组成部分，是贯彻落实科学发展观的必然要求，是构建社会主义和谐社会的重要内容，是提升我国综合国力和文化软实力的迫切需要。推进新闻出版体制改革，关乎文化产业整体实力和水平，关乎国家文化发展繁荣，关乎国家文化安全和意识形态安全，关乎中华文化的国际影响力和竞争力。

2.当前，面对党和国家事业发展提出的新要求，人民群众对更加美好生活的新期待，新闻出版系统在思想观念、创新意识、体制机制、行政管理能力以及队伍素质等方面还存在着突出问题。特别是出版单位没有成为真正意义上的市场主体，计划经济体制下出版资源行政化配置造成的出版资源过于分散，结构趋同和地区封锁，出版产业集中度低、规模小、实力弱、竞争力不强等问题

十分突出。上述问题导致新闻出版业发展与人民群众日益增长的精神文化需求不相适应，与日趋完善的社会主义市场经济体制不相适应，与对外开放不断扩大的新要求不相适应，与现代科学技术和传播手段迅猛发展和广泛应用的新形势不相适应。这就迫切要求我们进一步推动新闻出版体制改革，努力构建新闻出版业科学发展的体制机制，进一步解放和发展新闻出版生产力。

3. 站在新的历史起点上，新闻出版业面临着历史性的发展机遇与挑战。当前，我国社会主义现代化建设事业正处于重要战略机遇期，新闻出版业发展的经济基础、体制环境、社会条件、传播技术都在发生深刻变化，尤其是面对全球金融危机和世界经济衰退给新闻出版业带来的挑战和机遇，加快新闻出版体制改革显得更为重要和紧迫。

三、新闻出版体制改革的指导思想、原则要求和目标任务

1. 推进新闻出版体制改革的指导思想是：高举中国特色社会主义伟大旗帜，以邓小平理论和"三个代表"重要思想为指导，全面贯彻落实科学发展观，按照高举旗帜、围绕大局、服务人民、改革创新的总要求，围绕解放和发展新闻出版生产力，重塑市场主体，充分发挥市场在资源配置中的基础性作用，全面推进体制机制创新，调动广大新闻出版工作者的积极性和创造性，大力推动新闻出版业大发展大繁荣，不断满足人民群众日益增长的精神文化需求，提高全民族的文明素质，促进人的全面发展。

2. 推进新闻出版体制改革的原则要求是：全面推进新闻出版体制改革，必须坚持解放思想，实事求是，与时俱进，牢牢把握先进文化的前进方向；必须坚持一手抓公益性新闻出版事业，一手抓经营性新闻出版产业，促进新闻出版业全面协调可持续发展；必须把握新闻出版工作的正确导向，坚持把社会效益放在首位，努力实现社会效益和经济效益的统一；必须坚持以体制机制创新为重点，在重塑市场主体、完善市场体系、改善宏观管理等方面实现新突破；必

须坚持突出重点、区别对待、分类指导、稳步推开；必须坚持党对新闻出版工作的领导，加强干部队伍建设，确保改革的顺利推进。

3. 推进新闻出版体制改革的目标任务是：全面完成经营性新闻出版单位转制任务，建立现代企业制度，在企业内形成有效率、有活力、有竞争力的微观运行机制；推动跨媒体、跨地区、跨行业、跨所有制的战略重组，开拓融资渠道，培育一批大型骨干出版传媒企业，打造新型市场主体和战略投资者；通过增加投入、转换机制、增强活力、改善服务，建立以政府为主导、以公益性单位为主体的新闻出版公共服务体系，使人民群众基本文化权益得到更好保障；加快新闻出版传播渠道建设，推进连锁经营、物流配送、电子商务，规范出版产品物流基地建设，形成统一开放、竞争有序、健康繁荣的现代出版物市场体系；实现政府职能的根本转变，形成调控有力、监管到位、依法行政、服务人民的宏观管理体制。

四、进一步推进新闻出版体制改革的主要任务

1. 推进公益性新闻出版单位体制改革，构建新闻出版公共服务体系。继续深化公益性新闻出版单位内部管理机制、人事制度、劳动制度、分配制度改革，健全激励和约束机制，增强活力，提高新闻出版公共服务能力和水平。研究制订公益性报刊基本标准，适时公布公益性报刊名单。推进民族语言文字出版单位的改革工作，实施民汉语言文字出版分开，确保少数民族语言文字出版优惠政策落到实处。

2. 推动经营性新闻出版单位转制，重塑市场主体。除明确为公益性的图书、音像制品和电子出版物出版单位外，所有地方和高等院校经营性图书、音像制品和电子出版物出版单位于2009年年底前完成转制，所有中央各部门各单位经营性图书、音像制品和电子出版物出版单位于2010年年底前完成转制。制定经营性报刊转制方案，推动经营性报刊出版单位逐步实行转制。按照

中央有关要求，党政机关所属新闻出版单位转制为企业后原则上逐步与原主办主管的党政机关脱钩。已经完成转制的新闻出版单位要按照《公司法》的要求，加快产权制度改革，完善法人治理结构，建立现代企业制度，尽快成为真正的市场主体。

3.推进联合重组，加快培育出版传媒骨干企业和战略投资者。鼓励和支持拥有多家新闻出版单位的地方、中央部门和单位整合出版资源，组建出版传媒集团公司。鼓励和支持业务相近、资源相通的新闻出版单位，按照优势互补、自愿结合的原则，跨地区、跨部门组建出版传媒集团公司。鼓励和支持中央部门和单位的新闻出版单位在财经、教育、科技、文化、卫生等领域牵头组建专业性出版传媒集团公司。鼓励和支持中央和地方国有出版企业对中央各部门各单位所属出版单位进行联合重组。鼓励和支持社会资本特别是国有大型企业参与出版传媒企业的股份制改造。同时大力培育一批走内涵式发展道路的"专、精、特、新"的现代出版传媒企业。积极支持条件成熟的出版传媒企业，特别是跨地区的出版传媒企业上市融资。在三到五年内，培育出六七家资产超过百亿、销售超过百亿的国内一流、国际知名的大型出版传媒企业，培育一批导向正确、主业突出、实力雄厚、影响力大、核心竞争力强的专业出版传媒企业。继续深化发行体制改革，推动发行渠道资源整合，使国有出版物发行企业真正成为出版物发行主渠道。巩固印刷复制业改革成果，大力提升印刷复制业的科技含量，促进珠三角、长三角和环渤海等特色印刷产业带建设，振兴东部印刷产业，扶持中西部印刷产业的开发与崛起。

4.大力推进新闻出版产业升级和结构调整。高度重视用高新技术改造传统产业，制订和完善出版发行标准，推动新闻出版产业升级和结构调整。大力发展数字出版、网络出版、手机出版等新业态，努力占领新闻出版业发展的制高点。加快实现由传统媒体为主向传统媒体与新兴媒体融合发展的转变，打造主流媒体在新闻出版多元传播格局中的强势地位。积极鼓励和支持新闻出版单位运用高新技术和先进适用技术改造传统生产方式和基础设施，有计划有步骤地构建覆盖广泛、技术先进的新闻出版传播渠道。

5.引导非公有出版工作室健康发展，发展新兴出版生产力。按照《国务院关于非公有资本进入文化产业的若干决定》（国发〔2005〕10号），鼓励和支持非公有资本以多种形式进入政策许可的领域。按照积极引导，择优整合，加强管理，规范运作的原则，将非公有出版工作室作为新闻出版产业的重要组成部分，纳入行业规划和管理，引导和规范非公有出版工作室的经营行为。积极探索非公有出版工作室参与出版的通道问题，开展国有民营联合运作的试点工作，逐步做到在特定的出版资源配置平台上，为非公有出版工作室在图书策划、组稿、编辑等方面提供服务。鼓励国有出版企业在确保导向正确和国有资本主导地位的前提下，与非公有出版工作室进行资本、项目等多种方式的合作，为非公有出版工作室搭建发展平台。

6.加快推进现代出版物市场体系建设。打破按部门、按行政区划和行政级次分配新闻出版资源和产品的传统体制，打破条块分割、地区封锁、城乡分离的市场格局，加强资本、产权、信息、技术、人才等新闻出版生产要素市场建设，实现生产要素合理流动和资源优化配置。在充分利用系统内国有资本的同时，开辟安全有效的新闻出版业融资渠道，有效地吸纳系统外社会资本和境外资本，实现以资本扩张带动业务扩张、规模扩张和效益扩张。加快建立信用监管制度和失信惩戒制度，运用行政的、经济的等多种手段，形成以道德为支撑、以产权为基础、以法律为保障的诚信体系。

7.扩大对外交流，积极实施"走出去"战略。充分利用国际国内两种资源、两个市场，努力推动新闻出版产品通过各种渠道进入国外主流市场、国际汉文化圈和我国港、澳、台地区。抓好"走出去"重大工程项目的组织实施工作，着力打造一批具有国际竞争力的外向型出版传媒企业，打造具有重要影响力的国际出版版权交易平台。加强出版物内容和形式的创新，采取多种措施鼓励版权输出和实物出口。鼓励以政府资助方式进行优秀作品和著作的相互翻译出版。鼓励有条件的出版传媒企业采取独资、合资、合作等形式，到境外兴办报纸、期刊、出版社、印刷厂等实体，拓展国外和我国港、澳、台地区市场，进一步扩大中华文化的国际影响力和传播力。

8.加大行政体制改革力度，转变政府职能。加快建立党委领导、政府管理、行业自律、企事业单位依法运营的新闻出版管理体制和富有活力的新闻出版产品生产经营机制。按照建设服务政府、责任政府、法治政府和廉洁政府的要求，继续推进政企分开、政事分开、政府与市场中介组织分开，使政府真正履行好政策调节、市场监管、社会管理、公共服务的职能。改革行政审批制度，减少审批事项，下放审批权限，简化审批程序，提高行政效能。推行政府信息公开，规范程序，减少环节，增强透明度，提高公信力。按照中央部署，继续推进文化综合执法改革，确保"扫黄打非"和知识产权保护工作落到实处。发展和完善新闻出版和版权经纪、代理、评估、鉴定、会展等中介机构，提高新闻出版产品和服务的市场化程度。加强行业组织建设，使其依照有关法规和章程履行市场协调、监督、服务和维权等职责。

五、进一步推进新闻出版体制改革的政策保障

1.落实新闻出版体制改革相关配套政策。落实《国务院办公厅关于印发文化体制改革中经营性文化事业单位转制为企业和支持文化企业发展两个规定的通知》（国办发〔2008〕114号）规定的优惠政策，会同有关部门制定支持新闻出版体制改革的相关配套政策。充分利用国家重点出版工程建设、设立专项出版资金等契机，采取政府采购、招投标、定向资助等手段，支持公益性出版单位出版优质公共文化产品，提高新闻出版公共服务能力和水平。

2.制定和实施出版资源向出版传媒企业倾斜的政策。对大型跨地区骨干出版传媒企业，在报纸、期刊、图书、音像制品、电子出版、数字出版等出版资源配置上予以倾斜，鼓励其做大做强。支持大型出版传媒企业在异地建立有出版权的分支机构，鼓励其实现跨地区经营。对真正转制到位的出版单位放开出

版范围、书号、版号等，支持其发展。

3. 保护合法的跨地区经营活动。各级新闻出版行政部门要严格执行《中华人民共和国反不正当竞争法》和《关于禁止在市场经济活动中实行地区封锁的规定》（国务院令第303号）等法律法规，积极支持出版传媒企业跨地区合法开展经营活动，为公平竞争创造良好环境，提供优质服务。对于出版传媒企业合法的跨地区经营活动，不得以任何形式进行地区封锁，不得滥用行政权力，限制其进入本地市场经营。

4. 确保国有资产保值增值。经营性新闻出版单位数量多、分布广，资产情况复杂，在转制和改制过程中要注意学习和借鉴经济领域国有企业的成功经验，严格执行国家相关法律法规，防止国有资产流失，并在此基础上通过深化改革盘活存量，扩大增量，提升国有资产的质量。允许条件成熟的出版传媒企业经过批准，探索实行股权激励机制的试点。

5. 坚持把推进新闻出版体制改革与建立健全惩治和预防腐败体系结合起来。紧紧围绕新闻出版体制改革中容易滋生腐败问题的重点部位和关键环节，建立健全监督制约机制，把反腐倡廉建设寓于改革的重大措施中，贯穿于改革的全过程。坚持一手抓新闻出版体制改革，一手抓反腐倡廉建设，特别是要严格执行国有企业领导人员廉洁自律的有关规定，大力营造风清气正的思想环境和氛围，确保新闻出版体制改革健康有序进行。

六、加强对新闻出版体制改革工作的组织领导

1. 健全和完善新闻出版体制，改革领导体制和工作机制。各级新闻出版行政部门要充分认识推进新闻出版体制改革的重要性和紧迫性，把推进新闻出版体制改革作为重要工作职责，纳入重要议事日程，按照中央要求，建立健全党委统一领导、政府大力支持、党委宣传部门协调指导、行政主管部门具体实施、有关部门密切配合的新闻出版体制改革领导体制和工作机制。要成立新闻

出版体制改革领导机构和工作班子，负责指导、协调、实施新闻出版体制改革工作，确保改革的各项任务、措施和政策落到实处。

2. 充分调动广大新闻出版工作者的积极性、主动性和创造性。新闻出版体制改革政治性、政策性强，涉及面广，是一项社会系统工程，既要大胆探索、勇于创新，又要细致稳妥、有序推进。要把深化改革与加快发展、维护稳定统一起来，把加强思想政治工作与解决实际问题结合起来，坚持以人为本，充分尊重人民群众的主体地位和首创精神，切实维护广大职工的切身利益，动员和激励广大新闻出版工作者积极支持改革，主动参与改革。

3. 加强领导班子和人才队伍建设。要以领导班子建设、提高新闻出版队伍素质和整体能力为重点，在新闻出版领域培养一批既懂经营又懂业务的复合型人才，造就一批名编辑、名记者和出版家、企业家、技术专家，打造一支政治过硬、业务精通、作风优良、廉洁自律、文明和谐的新闻出版干部队伍，为进一步推进新闻出版体制改革提供组织和人才保障。

附录4 文化产业振兴规划(全文)

党的十七大明确提出，要积极发展公益性文化事业，大力发展文化产业，激发全民族文化创造活力，更加自觉、更加主动地推动文化大发展大繁荣。为贯彻落实中央精神，在重视发展公益性文化事业的同时，加快振兴文化产业，充分发挥文化产业在调整结构、扩大内需、增加就业、推动发展中的重要作用，结合当前应对国际金融危机的新形势和文化领域改革发展的迫切需要，特制定本规划。

一、加快文化产业振兴的重要性、紧迫性

文化产业是市场经济条件下繁荣发展社会主义文化的重要载体，是满足人民群众多样化、多层次、多方面精神文化需求的重要途径，也是推动经济结构调整、转变经济发展方式的重要着力点。党的十六大以来，党中央、国务院高度重视发展文化产业，采取了一系列政策措施，深入推进文化体制改革，加快推动文化产业发展。国有经营性文化单位转企改制取得重要进展，涌现出一批具有较强实力和竞争力的文化企业和企业集团，文化产业规模逐步壮大，以公有制为主体、多种所有制共同发展的文化产业格局初步形成。文化"走出去"步伐加快，文化进出口贸易逆差逐步缩小，我国文化产业的国际竞争力不断增强。总的来看，我国文化产业呈现出健康向上、蓬勃发展的良好态势，正在成为推动社会主义文化大发展大繁荣的重要引擎和经济发展新的增长点。

同时要看到，我国文化产业的发展水平还不高、活力还不强，与人民群众

日益增长的精神文化需求还不相适应，与日趋完善的社会主义市场经济体制还不相适应，与现代科学技术迅猛发展及广泛应用还不相适应，与我国对外开放不断扩大的新形势还不相适应。当前，国际金融危机仍未结束，并对文化产业发展产生诸多影响，但困难和挑战中蕴含着新的机遇和有利条件，文化具有反向调节功能，面对经济下滑，文化产业有逆势而上的特点，这为创新文化体制机制、做大做强文化产业带来了契机。要抓住机遇，大力振兴文化产业，为"保增长、扩内需、调结构、促改革、惠民生"作出贡献。

二、指导思想、基本原则和规划目标

（一）指导思想。全面贯彻党的十七大精神，坚持以邓小平理论和"三个代表"重要思想为指导，深入贯彻落实科学发展观，紧紧围绕《国家"十一五"时期文化发展规划纲要》确定的文化产业发展的各项目标任务和当前文化体制改革的重点，大力培育市场主体，加快转变文化产业发展方式，进一步解放和发展文化生产力，切实维护我国文化安全，推动文化产业又好又快发展，将文化产业培育成国民经济新的增长点。

（二）基本原则。坚持把社会效益放在首位，努力实现社会效益和经济效益的统一；坚持以体制改革和科技进步为动力，增强文化产业发展活力，提升文化创新能力；坚持走中国特色文化产业发展道路，学习借鉴世界优秀文化，积极推动中华民族文化繁荣发展；坚持以结构调整为主线，加快推进重大工程项目，扩大产业规模，增强文化产业整体实力和竞争力；坚持内外并举，积极开拓国内国际文化市场，增强中华文化在国际上的影响力。

（三）规划目标。完成经营性文化单位转企改制，文化市场主体进一步完善，活力进一步增强，文化产业规模不断扩大，推动经济社会发展的功能和作用得到较好发挥。

1. 文化市场主体进一步完善。按照创新体制、转换机制、面向市场、增强活力的原则，基本完成经营性文化单位转企改制，文化市场主体进一步完善，活力进一步增强。

2. 文化产业结构进一步优化。重点行业和项目对文化的拉动作用明显增强，文化创意、影视制作、出版发行、印刷复制、广告、演艺娱乐、文化会展、数字内容和动漫等产业得到较快发展，以资本为纽带推进文化企业兼并重组取得重要进展，力争形成一批跨地区跨行业经营、有较强市场竞争力、产值超百亿的骨干文化企业和企业集团。

3. 文化创新能力进一步提升。文化体制机制创新取得实质性进展，文化产业发展活力明显增强，以企业为主体、市场为导向、产学研相结合的文化创新体系初步形成，文化原创能力进一步提高，数字化、网络化技术广泛运用，文化企业装备水平和科技含量显著提高。

4. 现代文化市场体系进一步完善。市场在文化资源配置中的基础性作用得到更好的发挥，文化产品和生产要素合理流动，城乡文化市场进一步发展，现代流通组织和流通形式逐步成为文化流通领域的主要力量，文化消费领域不断拓展，在城乡居民消费结构中的比重明显增加。

5. 文化产品和服务出口进一步扩大。一批外向型骨干文化企业和国际知名品牌初步形成，对外文化贸易渠道和网络进一步拓展，文化产品和服务出口大幅增长，文化贸易逆差明显缩小，成为我国服务贸易出口的重要增长点。

三、重点任务

当前和今后一个时期，要着力做好以下八个方面工作。

（一）发展重点文化产业。以文化创意、影视制作、出版发行、印刷复制、广告、演艺娱乐、文化会展、数字内容和动漫等产业为重点，加大扶持力度，完善产业政策体系，实现跨越式发展。文化创意产业要着重发展文化科技、音乐制作、艺术创作、动漫游戏等企业，增强影响力和带动力，拉动相关服务业和制造业的发展。影视制作业要提升影片、电视剧和电视节目的生产能力，扩大影视制作、发行、播映和后产品开发，满足多种媒体、多种终端对影视数字内容的需求。出版业要推动产业结构调整和升级，加快从主要依赖传统纸质出版物向多种介质形态出版物的数字出版产业转型。出版物发行业要积极开展跨地区、跨行业、跨所有制经营，形成若干大型发行集团，提高整体实力和竞争力。印刷复制业要发展高新技术印刷、特色印刷，建成若干各具特色、技术先进的印刷复制基地。演艺业要加快形成一批大型演艺集团，加强演出网络建设。动漫产业要着力打造深受观众喜爱的国际化动漫形象和品牌，成为文化产业的重要增长点。

（二）实施重大项目带动战略。以文化企业为主体，加大政策扶持力度，充分调动社会各方面的力量，加快建设一批具有重大示范效应和产业拉动作用的重大文化产业项目。继续推进国产动漫振兴工程、国家数字电影制作基地建设工程、多媒体数据库和经济信息平台、"中华字库"工程、国家"知识资源数据库"出版工程等重大文化建设项目。选择一批具备实施条件的重点项目给予支持。

（三）培育骨干文化企业。着力培育一批有实力、有竞争力的骨干文化企业，增强我国文化产业的整体实力和国际竞争力。坚持政府引导、市场运作，科学规划、合理布局，在重点文化产业中选择一批成长性好、竞争力强的文化企业或企业集团，加大政策扶持力度，推动跨地区、跨行业联合或重组，尽快壮大企业规模，提高集约化经营水平，促进文化领域资源整合和结构调整。鼓励和引导有条件的文化企业面向资本市场融资，培育一批文化领域战略投资者，实现低成本扩张，进一步做大做强。

（四）加快文化产业园区和基地建设。加强对文化产业园区和基地布局的统筹规划，坚持标准、突出特色、提高水平，促进各种资源合理配置和产业分工。对符合规划的产业园区和基地，在基础设施建设、土地使用、税收政策等方面给予支持。建设若干辐射全国的区域文化产品物流中心，建设一批文化创意、影视制作、出版发行、印刷复制、演艺娱乐和动漫等产业示范基地，支持和加快发展具有地域和民族特色的文化产业群。

（五）扩大文化消费。不断适应当前城乡居民消费结构的新变化和审美的新需求，创新文化产品和服务，提高文化消费意识，培育新的消费热点。加强原创性作品的创作，打造一批具有核心竞争力的知名文化品牌。努力降低成本，提供价格合理、丰富多样的精神文化产品和服务。加快建设具有自主知识产权、科技含量高、富有中国文化特色的主题公园。开发与文化结合的教育培训、健身、旅游、休闲等服务性消费，带动相关产业发展。

（六）建设现代文化市场体系。建立健全门类齐全的文化产品市场和文化要素市场，促进文化产品和生产要素的合理流动。重点建设传输快捷、覆盖广泛的文化传播渠道。发展文艺演出院线，推动主要城市演出场所连锁经营。支持全国文化票务网络建设。推进有线电视网络整合，鼓励通过并购、重组等方式，进行广电网络的区域整合和跨地区经营。推进电影院线、数字电影院线的跨地区整合以及数字影院的建设和改造。支持国有出版发行企业以资本为纽带实行跨地区兼并重组。鼓励非公有资本进入文化创意、影视制作、演艺娱乐、动漫等领域。支持优先选用拥有自主知识产权、产品质量水平高的文化设备及产品。

（七）发展新兴文化业态。采用数字、网络等高新技术，大力推动文化产业升级。支持发展移动多媒体广播电视、网络广播影视、数字多媒体广播、手机广播电视，开发移动文化信息服务、数字娱乐产品等增值业务，为各种便携显示终端提供内容服务。加快广播电视传播和电影放映数字化进程。积极推进下一代广播电视网建设，发挥第三代移动通信网络、宽带光纤接入网络等网络基础设施的作用，制订和完善网络标准，促进互联互通和资源共享，推进三网融合。积极发展纸质有声读物、电子书、手机报和网络出版物等新兴出版发行业态。发展高新技术印刷。运用高新技术改造传统娱乐设施和舞台技术，鼓励文化设备提供商研发新型电影院、数字电影娱乐设备、便携式音响系统、流动演出系统及多功能集成化音响产品。加强数字技术、数字内容、网络技术等核心技术的研发，加快关键技术设备改造更新。

（八）扩大对外文化贸易。落实国家鼓励和支持文化产品和服务出口的优惠政策，在市场开拓、技术创新、海关通关等方面给予支持。制定《2009—2010年度国家文化出口重点企业和项目目录》，形成鼓励、支持文化产品和服务出口的长效机制。重点扶持具有民族特色的文化艺术、展览、电影、电视剧、动画片、网络游戏、出版物、民族音乐舞蹈和杂技等产品和服务的出口，抓好国际营销网络建设。支持动漫、网络游戏、电子出版物等文化产品进入国际市场。鼓励文化企业通过独资、合资、控股、参股等多种形式，在国外兴办文化实体，建立文化产品营销网点，实现落地经营。办好国家重点支持的文化会展，通过中国（深圳）国际文化产业博览会、中国国际广播影视博览会、北京国际图书博览会等推动文化产品和服务出口。支持文化企业参加境外图书展、影视展、艺术节等国际大型展会和文化活动。

四、政策措施

（一）降低准入门槛。落实国家关于非公有资本、外资进入文化产业的有关规定，根据文化产业的不同类别，通过独资、合资、合作等多种途径，积极吸收社会资本和外资进入政策允许的文化产业领域，参与国有文化企业的股份制改造，形成以公有制为主体、多种所有制共同发展的文化产业格局。

（二）加大政府投入。中央和地方各级人民政府要加大对文化产业的投入，通过贷款贴息、项目补贴、补充资本金等方式，支持国家级文化产业基地建设，支持文化产业重点项目及跨区域整合，支持国有控股文化企业股份制改造，支持文化领域新产品、新技术的研发。支持大宗文化产品和服务的出口。大幅增加中央财政"扶持文化产业发展专项资金"和文化体制改革专项资金规模，不断加大对文化产业发展和文化体制改革的支持力度。

（三）落实税收政策。贯彻落实《国务院办公厅关于印发文化体制改革中经营性文化事业单位转制为企业和支持文化企业发展两个规定的通知》中的相关税收优惠政策，研究确定文化产业支撑技术的具体范围，加大税收扶持力度，支持文化产业发展。

（四）加大金融支持。鼓励银行业金融机构加大对文化企业的金融支持力度。积极倡导鼓励担保和再担保机构大力开发支持文化产业发展、文化企业"走出去"的贷款担保业务品种。支持有条件的文化企业进入主板、创业板上市融资，鼓励已上市文化企业通过公开增发、定向增发等再融资方式进行并购和重组，迅速做大做强。支持符合条件的文化企业发行企业债券。

（五）设立中国文化产业投资基金。按照有关管理办法，由中央财政注资引导，吸收国有骨干文化企业、大型国有企业和金融机构认购。基金由专门机构进行管理，实行市场化运作，通过股权投资等方式，推动资源重组和结构调整，促进国家文化发展战略目标的实现。

五、保障条件

（一）加强组织领导。地方各级人民政府要按照科学发展观的要求，切实将《规划》的实施列入重要议事日程，把《规划》提出的目标任务纳入经济社会发展总体规划，建立相关的考核、评价和责任制度，作为评价地区发展水平、衡量发展质量和领导干部工作实绩的重要内容。文化行政主管部门在党委宣传部门协调指导下，具体组织实施，相关部门密切配合，确保《规划》提出的各项任务落到实处。

（二）深化文化体制改革。通过深化文化体制改革，进一步解放和发展文化生产力，激发全社会的文化创造活力。要紧紧抓住转企改制、重塑市场主体这个中心环节，加快推进出版发行单位转企改制和兼并重组，加快电影制片、发行、放映单位和文艺院团转企改制，抓好党报党刊发行体制和广播电视节目制播分离改革。大力推动行政管理体制改革和政府职能转变，建立统一高效的文化市场综合执法机构。

（三）培养文化产业人才。继续抓好全国宣传文化系统"四个一批"人才培养工程，着力加强领军人物和各类专门人才的培养。继续办好经营管理人才培训班，培养一批熟悉市场经济规律，懂经营、善管理的人才。吸引财经、金融、科技等领域的优秀人才进入文化产业领域。注重海外文化创意、研发、管理等高端人才的引进，为我国文化产业发展提供强有力的人才保障。

（四）加强立法工作。进一步完善法律体系，依法加强对文化产业发展的规范管理。完善国家知识产权保护体系，严厉打击各类盗版侵权行为，促进国家文化创新能力建设。

文章来源：新华社

附录5 中央宣传部 中国人民银行 财政部 文化部 广电总局 新闻出版总署 银监会 证监会 保监会 关于金融支持文化产业振兴和发展繁荣的指导意见

银发〔2010〕94号

各省、自治区、直辖市党委宣传部，中国人民银行上海总部、各分行、营业管理部、各省会（首府）城市中心支行，各省、自治区、直辖市财政厅（局）、文化厅（局）、广播影视局、新闻出版局、银监局、证监局、保监局，各政策性银行、国有商业银行、股份制商业银行、中国邮政储蓄银行：

为贯彻落实《国务院关于印发文化产业振兴规划的通知》（国发〔2009〕30号）精神，进一步改进和提升对我国文化产业的金融服务，支持文化产业振兴和发展繁荣，现提出以下指导意见。

一、充分认识金融支持文化产业发展的重要意义

文化产业快速发展迫切需要金融业的大力支持。金融是现代经济的核心，在全面建设小康社会、加快现代化建设的进程中，金融引导资源配置、调节经济运行、服务经济社会，对国民经济的持续、健康、稳定发展具有重要作用。文化产业是国民经济的重要组成部分，近年来，中央实施重要战略部署和政策措施，深化文化体制改革，加快发展文化产业，文化产业呈现出良好的发展态势，正成为经济发展新的增长点，在保增长、扩内需、调结构、促发展中发挥着重要作用。加大金融业支持文化产业的力度，推动文化产业与金融业的对接，是培育新的经济增长点的需要，是促进文化大发展大繁荣的需要，是提高

国家文化软实力和维护国家文化安全的需要。各金融部门要把积极推动文化产业发展作为一项重要战略任务，作为拓展业务范围、培育新的盈利增长点的重要努力方向，大力创新和开发适合文化企业特点的信贷产品，努力改善和提升金融服务水平，促进我国文化产业实现又好又快发展。

二、积极开发适合文化产业特点的信贷产品，加大有效的信贷投放

（一）推动多元化、多层次的信贷产品开发和创新。对于处于成熟期、经营模式稳定、经济效益较好的文化企业，要优先给予信贷支持。积极开展对上下游企业的供应链融资，支持企业开展并购融资，促进产业链整合。对于具有稳定物流和现金流的企业，可发放应收账款质押、仓单质押贷款。对于租赁演艺、展览、动漫、游戏，出版内容的采集、加工、制作、存储和出版物物流、印刷复制，广播影视节目的制作、传输、集成和电影放映等相关设备的企业，可发放融资租赁贷款。建立文化企业无形资产评估体系，为金融机构处置文化类无形资产提供保障。对于具有优质商标权、专利权、著作权的企业，可通过权利质押贷款等方式，逐步扩大收益权质押贷款的适用范围。

（二）积极探索适合文化产业项目的多种贷款模式。对于融资规模较大、项目较多的文化企业，鼓励商业银行以银团贷款等方式提供金融支持。探索和完善银团贷款的风险分担机制，加强金融机构之间的合作，有效降低单个金融机构的信贷风险。对处于产业集群或产业链中的中小文化企业，鼓励商业银行探索联保联贷等方式提供金融支持。

三、完善授信模式，加强和改进对文化产业的金融服务

（一）完善利率定价机制，合理确定贷款期限和利率。各金融机构应在风险可控、商业可持续原则的基础上，根据不同文化企业的实际情况，建立符合监管要求的灵活的差别化定价机制。针对部分文化产业项目周期特点和风险特

征，金融机构可根据项目周期的资金需求和现金流分布状况，科学合理确定贷款期限。对于列入国家规划重点支持的文化产业项目或企业，金融机构在有效防范风险的基础上可适当延长贷款期限。

（二）建立科学的信用评级制度和业务考评体系。各金融机构在确定内部评级要素，设计内部评级指标体系、评级模型和计分标准的过程中，应充分考虑文化企业的特点，建立和完善科学、合理的信用评级和信用评分制度。要充分借鉴外部评级报告，建立内外部评级相结合的评级体系。要进一步改进和完善业务考评程序和考核方法，建立专门针对文化产业金融服务的考评体系，将加强信贷风险管理和积极促进文化产业发展相结合，建立正向激励机制。在落实工作责任和考核整体质量及综合回报的基础上，对中小文化企业的贷款项目，根据实际情况和有关规定追究或免除有关责任人的相应责任，做到尽职者免责，失职者问责。

（三）进一步改进和完善对文化企业的金融服务。各金融机构要增强服务意识，设立专家团队和专门的服务部门，主动向文化企业提供优质的金融服务。对于国家重点支持的文化企业和项目，要优化简化审批流程，提高贷款审批效率。在满足金融机构授信客户准入标准的前提下，可对举办培训的企业和接受培训的人员予以信贷支持。银行业金融机构与非银行金融机构应积极加强合作，综合利用多种金融业务和金融产品，推出信贷、债券、信托、基金、保险等多种工具相融合的一揽子金融服务，做好文化企业从初创期到成熟期各发展阶段的融资方式衔接。

（四）积极开发文化消费信贷产品，为文化消费提供便利的支付结算服务。各金融机构应积极培育文化产业消费信贷市场，通过消费信贷产品创新，不断满足文化产业多层次的消费信贷需求。可通过开发分期付款等消费信贷品种，扩大对演艺娱乐、会展、旅游、艺术品和工艺品、动漫游戏、数字产品、创意设计，图书、报刊、音像制品、电子出版物、网络出版、数字出版等出版产品与服务、印刷、复制、发行，高清电视、付费广播电视、移动多媒体广播电视、电影产品等综合消费信贷投放。加强网上银行业务推广，提高软件、网络及计算机服务，设计服务和休闲娱乐等行业的网络支付应用水平。进一步发挥人民银行支付清算和征信系统的作用，加快完善银行卡刷卡环境，推动文化娱乐、广播影视、新闻出版、旅游广告、艺术品交易等行业的刷卡消费，促进文化市场的繁荣发展。

（五）继续完善文化企业外汇管理，提高文化产业贸易投资便利程度。便利文化企业的跨境投资，满足文化企业对外贸易、跨境融资和投资等合理用汇需求，提高外汇管理效率，简化优化外汇管理业务流程，促进文化企业提高外汇资金使用效率，降低财务成本，提高我国文化企业核心竞争力。

四、大力发展多层次资本市场，扩大文化企业的直接融资规模

（一）推动符合条件的文化企业上市融资。支持处于成熟期、经营较为稳定的文化企业在主板市场上市。鼓励已上市的文化企业通过公开增发、定向增发等再融资方式进行并购和重组。探索建立宣传文化部门与证券监管部门的项目信息合作机制，加强适合于创业板市场的中小文化企业项目的筛选和储备，支持其中符合条件的企业上市。

（二）支持文化企业通过债券市场融资。支持符合条件的文化企业通过发行企业债、集合债和公司债等方式融资。积极发挥中债信用增进投资股份有限公司等专业机构的作用，为中小文化企业通过发行短期融资券、中期票据、集合票据等方式融资提供便利。对符合国家政策规定的中小文化企业发行直接债务融资工具的，鼓励中介机构适当降低收费，减轻文化企业的融资成本负担。对于运作比较成熟、未来现金流比较稳定的文化产业项目，可以以优质文化资产的未来现金流、收益权等为基础，探索开展文化产业项目的资产证券化试点。

（三）鼓励多元资金支持文化产业发展。发挥保险公司机构投资者作用和保险资金融资功能，在风险可控的前提下，鼓励保险公司投资文化企业的债权

和股权，引导符合条件的保险公司参与文化产业投资基金。适当放宽准入条件，鼓励风险投资基金、私募股权基金等风险偏好型投资者积极进入处于初创阶段、市场前景广阔的新兴文化业态。

五、积极培育和发展文化产业保险市场

（一）进一步加强和完善保险服务。在现有工作基础上，各保险机构应根据文化企业的特点，积极开发适合文化企业需要的保险产品，并按照收益覆盖风险的原则合理确定保险费率。对于宣传文化部门重点扶持的文化企业和文化产业项目，应建立承保和理赔的便捷通道，对于信誉好、风险低的，可适当降低费率。加快培育和完善文化产业保险市场，提高保险在文化产业中的覆盖面和渗透度，有效分散文化产业的项目运作风险。

（二）推动保险产品和服务方式创新。各保险机构应在现有保险产品的基础上，探索开展知识产权侵权险，演艺、会展、动漫、游戏、各类出版物的印刷、复制、发行和广播影视产品完工险、损失险，团体意外伤害保险等适合文化企业特点和需要的新型险种和各种保险业务。鼓励保险公司探索开展信用保险业务，弥补现行信用担保体制在支持服务业融资方面的不足。进一步加强和完善针对文化出口企业的保险服务，对于符合《文化产品和服务出口指导目录》条件，特别是列入《国家文化出口重点企业目录》和《国家文化出口重点项目目录》的文化出口企业和项目，保险机构应积极提供出口信用保险服务，鼓励和促进文化企业积极参与国际竞争。

六、建立健全有利于金融支持文化产业发展的配套机制

（一）推进文化企业建立现代企业制度，完善公司治理结构。按照创新体制、转换机制、面向市场、增强活力的原则，推动文化企业建立现代企业制度，引入现代公司治理机制和现代企业财务会计制度，规范会计和审计流程，

提高信息披露透明度，增强财务管理能力，为金融支持文化产业发展奠定良好的制度基础。

（二）中央和地方财政可通过文化产业发展专项资金等，对符合条件的文化企业，给予贷款贴息和保费补贴。支持设立文化产业投资基金，由财政注资引导，鼓励金融资本依法参与。

（三）建立多层次的贷款风险分担和补偿机制。鼓励各类担保机构对文化产业提供融资担保，通过再担保、联合担保以及担保与保险相结合等方式多渠道分散风险。研究建立企业信用担保基金和区域性再担保机构，以参股、委托运作和提供风险补偿等方式支持担保机构的设立与发展，服务文化产业融资需求。探索设立文化企业贷款风险补偿基金，合理分散承贷银行的信贷风险。

（四）完善知识产权法律体系，切实保障各方权益。抓紧制定和完善专利权、著作权等无形资产评估、质押、登记、托管、流转和变现的管理办法，根据《中华人民共和国物权法》修订有关质押登记规定。积极培育流转市场，充分发挥上海文化产权交易所、深圳文化产权交易所等交易平台的作用，为文化企业的著作权交易、商标权交易和专利技术交易等文化产权交易提供专业化服务。进一步加强对文化市场的有效监管和对知识产权的保护力度，完善各类无形资产二级交易市场，切实保障投资者、债权人和消费者的权益。

七、加强政策协调和实施效果监测评估

（一）加强信贷政策和产业政策的协调。制定并定期完善《文化产业投资指导目录》，发布更新文化产业发展的项目信息。加大对符合产业政策导向的文化企业的信贷支持，对纳入《文化产业投资指导目录》"鼓励类"的文化产业项目，金融机构优先予以信贷支持，对"限制类"的文化产业项目要从严审查和审批贷款。

（二）建立多部门信息沟通机制，搭建文化产业投融资服务平台。建立文化企业投融资优质项目数据库，通过组织论坛、研讨会、洽谈会等形式，加强文化项目和金融产品的宣传、推介，促进银、政、企合作，对纳入数据库并获得宣传文化部门推荐的优质项目，金融机构应重点支持。

（三）加强政策落实督促评估。人民银行各分支机构会同同级宣传文化、财政、银监、证监、保监等部门，根据本指导意见精神，结合辖区实际，制定和完善金融支持文化产业发展的具体实施意见或办法，切实抓好贯彻实施工作。各金融机构要逐步建立和完善金融支持文化产业发展的专项统计制度，加强对文化产业贷款的统计与监测分析。人民银行各分支机构可根据辖区实际情况，建立金融支持文化产业发展的专项信贷政策导向效果评估制度。

中央宣传部 中国人民银行　财政部

文化部　广电总局　新闻出版总署

银监会　证监会　保监会

二〇一〇年三月十九日